Gertrud Barden

Sport und Bewegungserziehung

für sozialpädagogische Berufe

1. Auflage

Bestellnummer 49900

Bildungsverlag EINS

Haben Sie Anregungen oder Kritikpunkte zu diesem Produkt?
Dann senden Sie eine E-Mail an 49900_001@bv-1.de
Autorin und Verlag freuen sich auf Ihre Rückmeldung.

www.bildungsverlag1.de

Bildungsverlag EINS GmbH
Sieglarer Straße 2, 53842 Troisdorf

ISBN 978-3-427-**49900**-8

Inhaltsverzeichnis

Vorwort

„Wer sich nicht bewegt, bleibt sitzen." Dieser doppelsinnige Spruch spielt auf unser Schulsystem an – und dies ist auch so gemeint, denn nur mit Beweglichkeit und in Bewegung können die hohen Anforderungen unserer Zeit gemeistert werden.

In den Medien finden wir zahlreiche von Lehrerinnen, Erzieherinnen oder Sportübungsleiterinnen[1] fertig ausgearbeitete Bewegungsstunden für Kinder. Dies zeigt die positive Entwicklung, die Aktualität des Themas und dass es viele Praktiker gibt, die sich hierüber Gedanken machen. Schade ist, dass ein Großteil der Angebote noch nach dem „alten Strickmuster" gefertigt ist, nämlich: „Ich mach' vor, Ihr macht genau nach, ich korrigiere …". Dies bietet genausowenig Entfaltungs- und Entwicklungsmöglichkeit für Kinder wie schlecht konzipierte Bewegungsangebote, bei denen nur geringfügige Bewegungen gefordert werden und Kinder den Großteil der Bewegungsstunde sitzend, stehend, oder liegend und dabei frierend oder sich langweilend verbringen.

Weiter findet man in vielen Angeboten Übungen, die Gelenken und Wirbelsäule schaden. Zum Teil werden überdies pädagogisch und ethisch fragwürdige Ideen angeboten. Manche Spiele haben das Ziel, viele Kinder möglichst schnell ausscheiden zu lassen. Woher kommt das? Erziehung wird in der Regel so weitergegeben, wie sie selbst erlebt wurde. Viele Erzieherinnen hatten in ihrer Kindheit genausolche Angebote. Das System ist starr, häufig wird es in der fachbezogenen Berufsausbildung auch genauso vermittelt.

Solange es nicht üblich ist, dass jede pädagogische Beschäftigung mit Kindern genau geplant und reflektiert wird, und regelmäßig Fortbildungen unterschiedlicher Art besucht werden, solange werden beruflich in der Kindererziehung Beschäftigte mit ihrem gesellschaftlichen Image kämpfen müssen.

Pädagogik und Ziele in der Kindererziehung befinden sich im stetigen Wechsel und unterliegen ständig Neuerungen – und das ist gut so. Zu keiner Zeit zuvor haben sich Werte und Möglichkeiten für unser Leben so schnell verändert wie zur jetzigen Zeit. Es ist wichtig, Kindern deshalb von Anfang an den Grundstock zu vermitteln, sich in dieser schnelllebigen Zeit zurechtzufinden. So gilt es, Kompetenzen in vielen Bereichen anzulegen, auszubauen und zu vertiefen.

Dies wurde auch vom Bayerischen Staatsministerium für Arbeit und Sozialordnung, Familie und Frauen erkannt. Die Einführung des „Bayerischen Bildungs- und Erziehungsplans für Kinder in Tageseinrichtungen bis zur Einschulung" (BEP) fordert eine höhere Aufmerksamkeit bei der kindgemäßen Bildung:
„Kinder haben ein Recht auf Bildung. Die Verwirklichung dieses Rechts ist ein wichtiger Schritt hin zu mehr Chancengleichheit. Durch Bildung des Kindes sollen die Persönlich-

[1] Aus Gründen der besseren Lesbarkeit werden in diesem Buch nur feminine Berufsbezeichnungen verwendet. Selbstverständlich sind gleichzeitig immer auch alle männlichen im Berufsfeld Tätigen angesprochen.

keit, die Begabung und die geistigen und körperlichen Fähigkeiten des Kindes voll zur Entfaltung kommen (vgl. Art. 28 und 29 UN-Kinderrechtskonvention). Dieses Recht wird nicht erst mit Eintritt in die Schule wirksam, sondern bereits mit der Geburt des Kindes."
(Eirich, 2003, S. 5)

Das Bayerische Ministerium für Unterricht, Bildung und Kultur setzte diese Forderungen mit neuen Lehrplänen für Berufsfachschulen für Kinderpflege sowie Fachakademien für Sozialpädagogik um. In der Ausbildung für die Arbeit mit Kindern sollten die neuesten Erkenntnisse der Wissenschaft vermittelt werden und sich in den täglichen Anforderungen an die Absolventen widerspiegeln.

Um vernetztes Denken zwischen einzelnen Unterrichtsfächern zu erleichtern, verknüpfen die neuen Lehrpläne das Wissen der unterschiedlichen Fächer durch sogenannte *Lernfelder*, „die in Verbindung mit den Unterrichtsprinzipien beruflich relevante Handlungsfelder widerspiegeln".
(Staatsinstitut für Bildungsforschung München, 2006, S. 7)

In fast jedem Kapitel dieses Buches lassen sich sämtliche Lernfelder (1–6) praktisch umsetzen. Alle anderen Unterrichtsfächer, die sich mit der jeweils bearbeiteten Thematik auch befassen, werden jeweils am Ende der Kapitel aufgezeigt.

Lernfeld 1: Personen und Situationen wahrnehmen, Verhalten beobachten und erklären.
Lernfeld 2: Bedürfnisse des täglichen Lebens erkennen und ihnen gerecht werden.
Lernfeld 3: Erzieherisches Handeln planen, durchführen und reflektieren.
Lernfeld 4: Bildungsprozesse anregen und begleiten.
Lernfeld 5: Beziehungen und Kommunikation gestalten.
Lernfeld 6: Mit allen am Bildungs- und Erziehungsprozess Beteiligten zusammenarbeiten

Auch das klassische Kinderturnen hat sich innerhalb der vergangenen Jahre stark geändert. Es stellte sich heraus, dass mit freier Aufgabenstellung viel mehr Erfahrungen gemacht und wesentlich mehr Bereiche trainiert werden, als dies beim bisherigen Kinderturnen möglich war. Anstatt einem genauen Vor- und Nachmachen stellt man die Aufgaben nun so, dass jedes Kind die Möglichkeit zur eigenständigen Bewältigung hat.

Mediziner und Pädagogen haben den wichtigen Stellenwert von häufigen und regelmäßigen Bewegungsangeboten für Kinder und Erwachsene erkannt. Warum dies wichtig ist und welche Bereiche Bewegung zusätzlich fördern, soll bei der Arbeit mit diesem Buch erkannt werden.

Es soll helfen, neuere Arbeitsansätze, Denkweisen und Begriffe zu verstehen und praktisch umzusetzen. Die Praxisbeispiele helfen, die Stunden interessant und motivierend zu planen, sowie mit einer genauen Zielfestlegung die Kinder umfassend zu fördern. Für das schnelle Einordnen der Angebote wurden, um den verschiedenen Altersgruppen gerecht zu werden, die Umsetzungsideen farblich hinterlegt:

Grün = Kleinkindalter, 1–3 Jahre (Krippe),
Orange = Vorschulalter, 3–6 Jahre (Kindergarten) und
Blau = Grundschulalter, 6–12 Jahre (Hort)

Dies kann natürlich nicht als starre Regelung angesehen werden, sondern als Anhaltspunkt, in welchem Alter Kinder in der Lage sind, Ideen zu verstehen und Übungen auszuführen. Kinder sind im gleichen Lebensalter oft unterschiedlich weit entwickelt, zudem finden wir in der Krippe Kinder im Alter von wenigen Wochen bis zu drei Jahren. Im Kindergarten sind Kinder von zwei bis sieben Jahren, im Grundschulhort sind manche Kinder erst fünf Jahre alt, während andere schon elf oder zwölf sind.

Die hier aufgeführten Praxisübungen und Ideen sind mit Kindern im entsprechenden Alter erprobt und überprüft, sodass sie für Kinder erfolgreich und sicher umsetzbar sind. Trotzdem ersparen sie nicht das Planen und Verantworten der Angebote vor Ort. Denn nur Sie kennen Ihre Kinder, nur Sie können einschätzen was verantwortbar, schaffbar und möglich ist.
Nun wünsche ich Ihnen viel Erfolg mit diesem Leitfaden, ein gutes Gelingen in der Umsetzung mit Kindern, und ein lebenslanges bewegtes Weiterlernen. Denn nur wer sich selber bewegt, kann etwas bewegen.

Zur Autorin

Die Autorin ist Diplom-Sozialpädagogin, staatlich anerkannte Gymnastiklehrerin, Motopädagogin und Rhythmiklehrerin. Seit vielen Jahren unterrichtet und berät sie Erzieherinnen, Heilerziehungspflegerinnen sowie Kinderpflegerinnen in deren beruflicher Ausbildung und Qualifikation.
In diesem Buch verknüpft die Autorin aktuelle wissenschaftliche Erkenntnisse mit praktischen Übungsbeispielen. Hierbei schöpft sie aus ihrer langjährigen Erfahrung als Kindergartenleitung und Leiterin von Schulkindergartengruppen, Psychomotorik-Kindergruppen sowie Eltern-Kind-Turngruppen.

Die Experten

Das sind Maxi und Kathi. Sie toben, hüpfen, laufen und spielen gern, mögen also alles, was mit viel Bewegung zu tun hat. Deshalb sind sie, so wie alle Kinder die sich viel und gern bewegen, absolute Experten. Denn sie wissen ganz genau was Kinder brauchen, was ihnen gut tut, was sie mögen. Die beiden begleiten durch das Buch.

1

Basiswissen zu Sport und Bewegungserziehung

1.1 Bewegungserziehung in der beruflichen Kinderbetreuung, Möglichkeiten und Grenzen

Bewegungserziehung und Sport haben seit einigen Jahren mit Recht einen hohen Stellenwert in der Kindererziehung. Doch nicht nur in der Elementarpädagogik, sondern auch bei Jugendlichen, Erwachsenen, ja auch bei Senioren bewegt sich wieder etwas.

Ärzte, Wissenschaftler und Pädagogen haben erkannt, wie wichtig regelmäßige Bewegung für Entwicklung, Gesundheit, Lernen und unser Wohlbefinden ist. Wir wissen sogar, dass einige Entwicklungsverzögerungen durch Bewegung vielfach nachgeholt, oder wenigstens gemildert werden können.

Vielseitige und umfassende Bewegung wirkt sich positiv auf die Gesamtentwicklung aus.

Aber auch die beste regelmäßige Bewegungsstunde im Kindergarten kann in keiner Weise umfassende Alltagsbewegungsangebote ersetzen.
So ist es notwendig, Kindern im Alltag möglichst viel Raum zum Toben und Spielen im Freien einzuräumen. Landschaften, Wiesen, Hügel und Wald bieten durch unterschiedliche Böden und Beschaffenheiten viele Bewegungsaufforderungen. Auch Pflastersteine, und Mauern und künstlich geschaffene Spielplätze regen zum Erproben und Verbessern der eigenen Fähigkeiten an. Selbstverständlich müssen Erwachsene darauf achten, dass die Kinder ihren Bewegungsdrang ungestört, aber sicher vor Verkehr und Gefahren ausleben können. Jedoch auch darauf, dass andere Mitbürger oder auch Wildtiere nicht zu sehr vom kindlichen Spiel, was natürlich oft auch hörbar ist, beeinträchtigt werden.

Bewegungsangebote werden heutzutage nach anderen Aspekten organisiert als in früheren Zeiten.

Vor einigen Jahren arbeitete man noch für die Kleinsten mit vom Erzieher genau vorgegebenen sportlichen Fähigkeiten und Fertigkeiten. Dabei mussten sich die Kinder brav anstellen und geduldig warten, bis jedes einzelne Mitglied der Gruppe seine Übung mit Hilfestellung absolviert hatte. Spiele, bei denen möglichst schnell viele Mitspieler ausscheiden, wurden bevorzugt. Sogenannte Bewegungsspiele ohne nennenswert viel Bewegung wurden nach immer gleichem Ablauf gespielt.
Über solche „Turnstunden" existieren eine Menge Bücher mit entsprechenden Übungs- und Stundenbeschreibungen, die man rezeptgleich, ohne eigene Ideen und Zutaten, bzw. ohne die Ideen der Kinder herauszufordern, anwendet. Die Bedürfnisse der Kinder werden

dabei nicht beachtet, nicht einbezogen. Solche Stunden werden bedenkenlos angewendet, und es klappt! Kinder sind in Bewegung, fragen oft nicht sehr kritisch, denn sie bewegen sich sowieso gern und geben zunächst keinem Angebot einen besonderen Vorzug.

Wenn Kinder jedoch einmal eigenständigere und kreativere Bewegungsstunden erlebt haben, wenn sie ahnen, was alles möglich wäre, werden sie bedeutend kritischer und kreativer. Sie wollen sich austoben, ausleben und mitgestalten. Denn Kinder wissen instinktiv genau, was sie brauchen. Sie wissen, was sie selber „üben" wollen und sollen, wissen, was sie zur Entwicklung benötigen und was ihnen gut tut.

Durch attraktive Angebote werden Kinder gelockt, aber niemals zu Übungen gezwungen.

Unsere Aufgabe besteht deshalb mehr darin, Raum und Materialien vorzubereiten, notwendige Regeln vorzugeben, feinfühlig, kreativ und offen „bewegtes Lernen" anzuregen, zu fördern.

Wer nun jedoch meint, diese Art von Turnstunden müssten nicht mehr bzw. mit geringerem Aufwand vorbereitet werden, der täuscht sich. Wie bei allem Erfahrungslernen erfordert hier die zielgerichtete Planung, das Vordenken und Einfühlungsvermögen in die kindlichen Kenntnisse und Bedürfnisse ein hohes Maß an pädagogischen Fähigkeiten.

Nur eine umfassende fachliche Planung ermöglicht ein gutes Gelingen der Stunden.

Kinderpflegerinnen und Erzieherinnen sind selten sportpädagogisch ausgebildete Fachkräfte. Nicht zuletzt aus diesem Grund zeigen die neuen Lehrpläne, wie auch der Bayerische Erziehungs- und Bildungsplan (BEP), nur noch beispielhafte Zielangaben, jedoch keine Fertigstunden oder gar Gymnastikangebote und Ähnliches auf. Es versteht sich von selbst, dass jedes Angebot an die Kinder auf freiwilliger Teilnahme basiert. Es müssen die Aufgaben so attraktiv erstellt und vorbereitet sein, dass Kinder sie erfahren und probieren wollen. Wie bei Musikerziehung die Lust und Freude am

Singen und an Tönen, Rhythmus und an Bewegung zur Musik vermittelt werden soll, so geht es hier vor allem darum, die Freude an der Bewegung zu unterstützen und zu erhalten.

An dieser Denkweise orientiert sich auch vorliegendes Buch. Es baut nötiges Wissen umfassend Schritt für Schritt auf und will helfen, die nicht ganz einfache Entwicklungsaufgabe am Kind vielseitig, kreativ und umfassend zu begleiten.

Die Sportwissenschaftlerin von der Universität Osnabrück, Prof. Dr. Renate Zimmer, Autorin zahlreicher Bücher zu diesem Thema, erklärt hierzu: „Bewegung ist das Zauberwort, wenn es um die Ausbildung körperlicher und geistiger Fähigkeiten im Kindesalter geht." Zimmer erklärt, dass der Mensch bei seiner Geburt über mehr als 100 Milliarden Nervenzellen verfügt, die miteinander verknüpft werden müssen, um zu funktionieren. Das Entstehen dieser Verknüpfungen ist nur über Bewegungserfahrungen möglich, durch körperliche Aktivitäten, die Reize schaffen (vgl. Zimmer, Renate, Vortrag beim Kongress des Bayerischen Turnverbandes „Fitte Kinder", Bayreuth, 2004).

Nervenzellen im Gehirn werden durch Bewegung miteinander vernetzt, so wird Lernen erst möglich.

Bei der Arbeit mit Kindern können wir beobachten, dass Spiele in und mit Bewegung sowie auch das Herumtoben, alle Sinne und damit die Aufmerksamkeit der Kinder schärfen. Dies sind Fähigkeiten und Notwendigkeiten, die schulisches Lernen und Merken erst ermöglichen.

Bewegungsangebote sollten folgende Kriterien beinhalten:

- offene, gruppenübergreifende Bewegungsangebote
- geplante Bewegungsangebote, vor allem als Bewegungsgeschichten
- Bewegungslandschaften mit Groß- und Kleingeräten
- situative Bewegungsspiele drinnen und draußen

Zimmer gibt Hinweise, wie Erzieherinnen eine positive Selbsteinschätzung der Kinder fördern können:

- Vergleiche mit anderen Kindern vermeiden. Der individuelle Fortschritt zählt.
- Dem Kind das Gefühl geben, dass Sie Vertrauen in seine Fähigkeiten haben.
- Bewegungsaufgaben im Anforderungsgrad so auswählen, dass jedes Kind Erfolgserlebnisse haben kann.
- In Bewegungssituationen auch ängstliche und gehemmte Kinder erfahren lassen, dass sie eigene Entscheidungen treffen, selbst aktiv werden und durch ihr Handeln in der Umwelt etwas bewirken können.

Hyperaktiven Kindern ermöglichen Bewegungsangebote, mit ihrer Unruhe und ihren Konzentrationsschwierigkeiten besser zurechtzukommen.

Bewegung baut überschüssige Energien, aber auch Aggressionen ab.

Zudem können überschüssige Energien und angestaute Aggressionen auch noch bei Erwachsenen nur durch Bewegung und Sport abgebaut werden, was danach einen besseren Umgang miteinander fördert. Nach der Bewegung ist es wichtig, durch gesunde Ernährung und Getränke vor allem bei Kindern die „geleerten Speicher" wieder aufzufüllen.

Kinder mit Übergewicht haben meist zudem Defizite in Bezug auf Koordination, Kraft, Schnelligkeit und Ausdauer (siehe Seite 55–56). Daraus resultierende sportliche Misserfolge führen dazu, sportliche Aktivitäten künftig weitgehend zu vermeiden – ein Teufelskreis beginnt! Dagegen steigern positive Erlebnisse mit anderen beim Bewegen, wie auch sportliche Erfolge, das Selbstwertgefühl eines jeden Teilnehmers.

Es ist erwiesen, dass jegliches Abnehmen nur über vermehrte Bewegung in Verbindung mit richtiger und gesunder Ernährung möglich ist.

Hat man den Ansatz dieser Arbeitsweise erst einmal verstanden, fällt es nicht mehr schwer, auch Eltern Möglichkeiten und Ziele zu erklären, da diese oft mit einem anderen Lern- und Arbeitsverständnis aufgewachsen sind.

Den gleichen Weg weist Maria Montessori mit ihrem Leitsatz „Hilf mir, es selbst zu tun."

Lernfelder: Siehe auch bei:

- Sozialkunde und Berufskunde
- Pädagogik und Psychologie
- Ökologie und Gesundheit
- Rechtskunde
- Praxis- und Methodenlehre, Medienerziehung
- Musik- und Musikerziehung
- Hauswirtschaftliche Erziehung
- Sozialpädagogische Praxis

1.2 Motorische Entwicklung des Kindes

Da dieses Thema ausführlich in anderen Fächern erarbeitet wird, sollte es hier nur kurz zur Sprache kommen. Was können Kinder eigentlich in welchem Alter und wie viel sollten wir ihnen zutrauen? Was müssen wir bedenken, was muss dem Entwicklungsstand entsprechend von uns vorgedacht werden, wovor sollten Kinder bewahrt oder geschützt werden?

Hauptentwicklungsaufgabe der frühen Kindheit ist die Ausbildung motorischer Funktionen. Es stehen Kopfbewegungen, Greifen, Wegwerfen, Aufstützen, Drehen (Längsachse), Rollen, Aufrichten, Kriechen, Krabbeln, Rutschen, Wegwerfen und Stehen im Mittelpunkt.

Viele wichtige motorische Funktionen werden bereits im ersten Lebensjahr erlernt.

Im zweiten und dritten Lebensjahr folgen Gehen, Laufen, Tragen, Schieben und Ziehen, Purzeln, Werfen, Steigen und Klettern, Stehen mit geschlossenen Augen, Herunterspringen, beidbeiniges Hüpfen. Zudem ist das Kind jetzt vor allem mit seinem Selbstbild (eigene Leistungsfähigkeit einschätzen), mit Sprache (Verständnis, Gebrauch und Ausbau) und Fantasie (fehlende Abgrenzung zur Wirklichkeit) befasst.

Ab dem vierten bis sechsten Lebensjahr folgen alle anderen Grundformen der Bewegung, wie Springen (hoch, tief, weit), zielgerichtetes Werfen und Fangen, Schaukeln, Schwingen, Balancieren, einbeiniges Springen und Überspringen, Rollen sowie Kombinationen dieser Bewegungen. Kinder erarbeiten sich also jetzt mehr und mehr Geschicklichkeit und Gleichgewicht in verschiedenen Bewegungssituationen.

Im sechsten Lebensjahr ist die grobmotorische Entwicklung abgeschlossen.

Die Entwicklung führt von großräumigen Bewegungen zur feinmotorischen Geschicklichkeit, also vom Groben zum Feinen, vom Allgemeinen zum Besonderen.
Erst einmal ist es wichtig zu bedenken, dass Kinder meist wesentlich höhere motorische Fähigkeiten und Fertigkeiten haben, als viele Erwachsene ihnen zutrauen. Hinreichend bekannt ist, dass Kinder, die von Ausflügen die Welt zu erobern überbehütet zurückgehalten werden, eine viel größere

Unfallhäufigkeit vorweisen. Natürlich gibt es bei diesen Erkundungen und Versuchen auch Fehlversuche und kleinere Unfälle, aber das Kind lernt jedes Mal daraus. Ein gesundes Kind gibt nicht auf, im Gegenteil, es wird so lange weiter probieren bis das Gewünschte klappt. Nur über Versuch und Irrtum hat sich die Menschheit weiterentwickelt, nur so konnten Forschung und technischer Fortschritt entstehen, nur Neugier und der Wille, etwas zu erreichen treiben uns an. Dies zeigen uns Kinder überall und täglich.

Natürlich ist kindliche Entwicklung nicht immer an Daten, Terminen und Altersstufen festzumachen. Kinder entwickeln sich nun einmal in einzelnen Bereichen unterschiedlich schnell. Bekannt ist jedoch, dass ein starkes Abweichen von diesen Normvorstellungen einen Alarmhinweis für eine eventuell vorliegende Behinderung darstellen kann. Im Einzelfall müssen dies Ärzte und sonstige Fachkräfte entscheiden und behandeln. Erziehungspersonen obliegt hier jedoch erhöhte Aufmerksamkeit, da Eltern weder fachlich ausgebildet sind, noch Vergleich zu Gleichaltrigen haben. Zudem sind sie selten objektiv, wenn es ums eigene Kind geht.

Viele Schwierigkeiten und Entwicklungsverzögerungen können, wenn sie früh genug erkannt werden, aufgeholt werden. Auch aus diesem Grund ist die erhöhte Aufmerksamkeit der Erziehungskräfte von enormer Wichtigkeit.

Bereits einfache Übungen zeigen den Entwicklungsstand.

Wir wissen, dass die Entwicklung der Bewegung bereits im Mutterleib beginnt, aber darauf haben wir als Erziehende wenig Einfluss. Mehr Wissen hierüber erhalten wir in anderen Unterrichtsfächern.
Für unsere erste grobe Feststellung, welcher Entwicklungsstand in welchem Alter bezüglich Motorik als „normal" gilt, hat Ernst J. Kiphard ein „Entwicklungsgitter" erstellt (vgl. Kiphard, 2006).

E. J. Kiphard ist einer der Gründer der deutschen Psychomotorik, die als Arbeitsansatz auch für die Beschäftigung mit behinderten, oder von Behinderung bedrohten Kindern gute Erfolge vorzeigen kann. Als Arzt setzte er sich intensiv mit der Bewegungsentwicklung der Kinder auseinander und entwickelte so sein „Entwicklungsgitter". Man kann damit die Normalentwicklung der Kinder im Alter von wenigen Monaten bis zum vollendeten vierten Lebensjahr überprüfen. Mithilfe dieses Entwicklungsgitters kann die „Sinnes- und Bewegungsentwicklung" der Kinder in den wichtigen Entwicklungsbereichen durch genaue Beobachtung festgestellt werden. Es gibt nicht nur Informationen und Einordnungshilfen über angemessene kindliche Bewegungen, sondern auch Hilfe zur Überprüfung der optischen und akustischen Wahrnehmung, sowie zu altersgemäßer Sprachentwicklung. Es stellt zudem „ein gezieltes Übungsprogramm zur systematischen Förderung entwicklungsrückständiger Kinder dar".

Entwicklung verläuft nicht bei Jedem gleich. Da aber an jeder Entwicklung Bewegung beteiligt ist, widmen wir Auffälligkeiten hier unser besonderes Augenmerk.

Entwicklungsverzögerung ist durch fachliche Beobachtung feststellbar.

Bereits einfache Übungs- und Spielformen geben Aufschluss über vorhandene Schwächen oder Auffälligkeiten:

- Hampelmann
- Stand auf einem Bein
- einen Ball prellen
- sich mit den Armen bäuchlings auf der Langbank vorwärts ziehen

Aufgabe:
Beobachten Sie die Kinder in Ihrer Praktikumsstelle genau. Können Sie dabei erkennen, ob das eine oder andere Kind in manchen Bereichen sehr selbstständig, weit entwickelt oder aber Altersgenossen hinterher ist? Zieht sich dies durch alle Bereiche oder ist der Fortschritt bzw. Nachteil nur in bestimmten Bereichen erkennbar? Diskutieren Sie Ihre Erkenntnisse mit Ihrer Praxisanleiterin.

Beobachtungen für Kleinkinder bis 3 Jahre:

3.–4. Lebensmonat:
- Das Kind will Gegenstände anfassen, festhalten, „begreifen“, erkunden, dazu auch in den Mund stecken.
- Die eigenen Hände werden betrachtet und im Mund erforscht.
- In sozialer Kommunikation werden bekannte Gesichter angelächelt.
- Plapperlaute werden gebildet und als Kommunikationsmittel eingesetzt.
- Das Kind versucht Geräuschquellen zu ermitteln.
- In Bauchlage, wie auch beim Hochziehen aus der Rückenlage, wird der Kopf selber gehalten.

6.–9. Lebensmonat:
- Jetzt dreht sich das Kind meist schon selber über die Seite um.
- Bauchschaukel ohne Abstützung, Kopf, Brust und Arme werden dabei gehoben.
- Schwimmbewegungen und Aufstützen auf den Unterarmen mit offenen Händen.
- Silbenketten sprechen.
- Erste Sitzversuche.
- Die Hände werden immer gezielter als Werkzeug eingesetzt, Finger und Daumen umschließen den Gegenstand, welcher von Hand zu Hand wechselt.
- Kopf wird auch nach unsichtbarer Geräuschquelle gedreht.

10.–12. Lebensmonat:

- Kind will sitzen, stehen, robben, krabbeln, erste Gehschritte mit Hilfe machen.
- Freies Sitzen mit geradem Rücken und gestreckten Beinen
- Aufmerksamkeit und Konzentrationsfähigkeit nehmen stark zu.
- Spielzeug wird gezielt herangezogen, bzw. mit Schwung weggeworfen.
- Trinken aus der Babytasse, sowie einen Keks essen, klappt meist schon allein.
- Gegenstände können erkannt, gezielt eingeordnet, gebracht werden.

2.–3. Lebensjahr:

- Vieles wird versucht, selbst zu tun: Strümpfe ausziehen, Bilderbuch umblättern, Treppenkrabbeln, später mit Festhalten gehen, bald auch rückwärts.
- Erstes Kritzeln mit dem Stift, Pinzettengriff, Eingewickeltes auspacken, isst mit dem Löffel, spielt in Kauerstellung.
- Beidbeinsprung am Boden, Fußballabstoß ohne zu fallen, Turmbau mit vier Klötzen.

Beobachtungen für Vorschulkinder, 3–6 Jahre:

4. Lebensjahr:

- Grobmotorik, Feinmotorik, Sprache sind ausgereift, Konzentrationsfähigkeit reicht, um dem Gruppengeschehen (gezielte Angebote) für mindestens 30 Minuten zu folgen, d. h. das Kind ist nun kindergartenreif.
- Beidbeinsprung von der Treppe aus, Anlaufsprung über einen Strich, steht mit geschlossenen Augen auf beiden Beinen, ohne zu fallen, kann 3 m auf den Zehenballen gehen.
- Malt Rundformen, gießt von Becher zu Becher, faltet Papier, reiht Perlen auf, versucht sich an ersten Schneideübungen.

5. Lebensjahr:

- Geht frei treppab mit Fußwechsel, springt sicher aus der Höhe von 50 cm hinunter, hüpft auf einem Bein, setzt den Armschwung beim Gehen ein, kann balancieren.
- Schneidet mit der Schere, knöpft auf und zu, verbindet zwei Punkte mit einer Linie, knetet, schraubt, dreht Schlüssel. Toilettengang, Hände waschen, meist auch Zähne putzen, gelingen selbstständig.

6. Lebensjahr:

- In diesem Alter sollten alle angebotenen Tätigkeiten im Kindergarten problemlos vom Kind wahrgenommen und gemeistert werden können.
- Zu beobachten gilt jetzt, ob die Bewegungen harmonisch und gleichmäßig oder tapsig sind, ob der Fuß beim Laufen abrollt, ob das Kind evtl. besonders oft stolpert, anstößt oder fällt.
- Wird ein Ball zielgenau geworfen und gefangen?
- Gelingen Balancieren, Hüpfen und Schuhebinden jetzt immer besser?
- Der Umgang mit Papier, Stiften, Kleber und Schere, aber auch das Einfädeln einer dickeren Nadel sollte problemlos zu schaffen sein.
- Sprachlich sollten keine Auffälligkeiten erkennbar sein.

Beobachtungen für Schulkinder 6–12 Jahre:

Siehe Beobachtungskriterien wie im 6. Lebensjahr.

- Zudem sollten Selbstständigkeit bezüglich Körperpflege und Umgang mit Werkzeug deutlich sicherer und genauer werden.
- Das Kind sollte geschickt, belastbar und nicht leicht ermüdbar sein.
- Alle Bewegungsarten können sicher ausgeführt werden.
- Gestellte Aufgaben, so auch Verkehrssituationen, können erkannt und erfasst werden.

Lernfelder: Siehe auch bei:

- Sozialkunde und Berufskunde
- Pädagogik und Psychologie
- Ökologie und Gesundheit
- Praxis- und Methodenlehre, Medienerziehung
- Säuglingspflege
- Sozialpädagogische Praxis

1.3 Entwicklung der feinmotorischen Fähigkeiten sowie der Sprache und Mundmotorik

Diese Fähigkeiten zählen nicht primär zur Bewegungserziehung, bei der wir doch vorrangig an „Turnen" mit Kindern denken. Da sie jedoch auf die sogenannte Grobmotorik aufbauen und die Entwicklung mit dieser einhergeht, sollten wir uns wenigstens kurz mit der Fein- und Mundmotorik befassen. Denn es bietet sich an, auch bei Bewegungsaufgaben diese Bereiche mit zu bedenken und zu fördern.

Und wo lässt sich Sprache, sei es die eigene oder eine Fremdsprache, besser verstehen und üben als in Bewegung? „Bring den großen Ball, steig durch den gelben Reifen, geh, lauf, stell, knie, setz, leg dich auf, neben, unter, mit ..."

Fein- und Mundmotorik gehen mit der sonstigen Entwicklung einher, folgen auf die Grobmotorik.

Im Bayerischen Bildungs- und Erziehungsplan (BEP) wird Bildung als ein sozialer Prozess definiert, der innerhalb eines Kontextes und in konkreten Situationen stattfindet, an dem Kinder, Fachkräfte, Eltern und andere Erwachsene aktiv beteiligt sind (vgl. Eirich, 2003).

Dies ist deutlich an der Sprachentwicklung des Kindes abzulesen. Kinder lernen in der Interaktion mit Erwachsenen, indem diese auf die Äußerungen des Kindes eingehen, Bilder, Gegenstände und Prozesse verbalisieren und ihnen Sinn verleihen. Kleine Kinder kann man förmlich Denken sehen, bevor wieder ein neues Wort aus ihnen heraussprudelt. Was sich mit Lall-, Plapper- und Unsinnssprache anbahnt, wird mit der Zeit zu gezielter Mitteilung und Kommunikation ausgebaut.

Das Erlernen der Sprache ist ein ganzheitlicher Vorgang, der eng mit Handlung und Bewegung in Zusammenhang steht. Sprachförderung kann nicht isoliert betrieben, sondern nur mit Erlebnissen, Erfahrungen und Handlungen verknüpft werden.

Im Gegensatz zum Kriechen und Krabbeln sind Sprechen und feinmotorische Handlungen noch nicht im zentralen Nervensystem abgespeichert und stehen somit nicht „automatisch" zur Verfügung.

Genau wie das Gehen und sonstige motorische Lernhandlungen, muss die muskuläre Kontrolle über Mund- und Feinmotorik mühsam vom Gehirn geplant werden, bevor sie ausgeübt werden kann. Erst durch häufige Ausführungen (Übung) wird die Aufgabe im Gehirn integriert und ist damit zukünftig „automatisch" abrufbar.

Versuchen Sie, einen komplizierten Faltvorgang oder einen bestimmten Knoten, den Sie noch nicht genau und sicher können, auszuführen, währenddessen Sie sich unterhalten. Mit Sicherheit gelingt die Unterhaltung erst, wenn Sie die Ausführung so oft geübt haben, dass Ihr Gehirn die Tätigkeit integriert hat. Dies ist z. B. beim Schuhebinden der Fall. Diese Tätigkeit erfordert vom Kind noch alle Aufmerksamkeit, sodass es sich auf nichts anderes konzentrieren kann, während Sie selber dies mit Sicherheit nebenher ausführen können.

Das Sprechen wird natürlich dadurch geübt, indem man vorbildlich richtig und in ganzen Sätzen viel spricht, bespricht, erzählt, und fragt, nachfragt. Bilderbücher, Geschichten, aber auch Rhythmisches, wie Reime, Lieder, Fingerspiele, am besten mit sinnlichen Empfindungen (kitzeln, streicheln etc.), fördern vor allem die Kleinsten.

Sprechen lernen erfordert ein gutes Vorbild. Rhythmisierung hilft beim Verstehen und Erlernen der Sprache.

„Messbar“ ist die Sprachentwicklung vor allem an den Merkmalen:

- Sprachverständnis
- Wortschatz
- Lautbildung
- Grammatik

Regelmäßige Beobachtungskriterien, die sich in der Bewegung gut zeigen, sind:

- Kann das Kind sprachliche Anweisungen verstehen und sinnvoll in Taten umsetzen?
- Kann es die eigene Befindlichkeit verbal verständlich ausdrücken?
- Kann es auch nonverbale Signale Anderer einschätzen, erfassen, richtig darauf reagieren?
- Kann es Regeln und Absprachen einhalten?
- Kann es eigene Ideen erklären, Erlebnisse in sinnvollem Zusammenhang richtig wiedergeben?

Sind diese Fragen geklärt, können daraus auch auf die sonstige Entwicklung Rückschlüsse gezogen, bzw. können notwendige Förderangebote geplant werden.

Die Feinmotorik der Finger wird durch Malen, Schneiden, Kleben, Falten, Fädeln, Bauen, Basteln und Ähnliches trainiert. Fingerspiele verfeinern die motorischen Möglichkeiten neben den sprachlichen zusätzlich. Selbstverständlich können folgende praktische Beispiele auch in anderen Arbeitsbereichen angewendet werden (auch Vorschulkinder mögen noch gern Angebote, die hier für das Kleinkindalter vorgesehen sind).

Eine altersmäßige Differenzierung bildet nur ungefähre Anhaltspunkte, denn die Entwicklung verläuft in ihrem eigenen Tempo, nicht entsprechend der Alterseinteilung.

Beispiele für Sprachförderung

Kleinkind 1–3 Jahre

Kasimir, der Vogel

Dieser kleine Vogel heißt Kasimir	*(linker Zeigefinger hoch)*
was der alles kann, das zeig ich dir	*(rechter Zeigefinger hoch)*
hüpft und findet jedes Korn	*(Daumen und Zeigefinger picken)*
gräbt nach dem Wurm im Garten vorn	*(„graben“ mit beiden Händen)*
baut sich im Baum ein schönes Nest da, wo es sich schön wohnen lässt.	*(Finger beider Hände verschränkt zu einem „Nest“)*
Legt Eier hinein und brütet sie aus	*(Hand umfasst die geschlossene Faust der anderen Hand)*
bald schon schlüpfen Vogelbabys raus	*(geschlossene Fäuste öffnen)*
diese piepsen den ganzen Tag haben immer Hunger, werden nie satt Futter kriegen sie nie genug	*(alle Finger zappeln nach oben)*
bis zu ihrem ersten eigenen Flug sie können sich selber versorgen dann, nun fängt die Geschichte von vorne an.	*(Flugbewegungen mit beiden Händen)*

Trostspruch

Hast du dir jetzt wehgetan?
Schau mal, was mein Finger kann!
Der hier tröstet, streichelt dich,
Dieser stupst dich im Gesicht,
die Zwei krabbeln die Nase hoch,
Diese wühlen die Haare noch,
Diese packen dich leicht am Ohr,
und die hier kitzeln dein Lachen hervor!

Raupe Nimmersatt

Da kommt die Raupe Nimmersatt,
sie krabbelt schnell von Blatt zu Blatt.
Nun frisst sie Löcher in das Blatt,
nur weil sie so viel Hunger hat.
Sie rollt sich ein, so eng sie will,
und schläft dann wirklich lang und still.

Vorschul- und Grundschulkinder lieben es, mit Sprache und Lauten zu spielen und mit Unsinnswörtern zu experimentieren. Sie üben so auch gern komplizierte mundmotorische Bewegungen.

Fingerspiele werden noch interessanter, indem man auf einen oder mehrere Finger Gesichter malt, sich Details (Ohren, Schwanz) aufklebt oder diverse Fingerpuppen benutzt, die beispielsweise zuvor zusammen mit den Kindern hergestellt wurden.

Vorschulkind 3–6 Jahre

Die Rabatz-Macher

Lärm machen sie und Rabatz
Rumpelratz und Spiddelspatz.
Schnubbelschatz und Fibbelfratz,
und der kleine Moppelmatz.
Sie wollen dich aufwecken,
dich ein bisschen erschrecken.
Tanzen dir auf dem Kopf herum,
krabbeln durch die Haare,
wandern durchs Gesicht,
nur fangen wirst du sie nicht.

Der Lulatsch

Dieser Lulatsch
der macht nur Quatsch.
Tanzt ganz locker
wie ein Rocker.
Piept laut und schrill,
weil er das will.
Fiept greußlich schief,
grunzt dann ganz tief.
Quäkt und macht Krach,
gluckst wie ein Bach.

Schulkinder, die bereits lesen und schreiben können, werden durch Aufgaben wie Reimwörter finden, Geheim- und Unsinnssprache erfinden sowie mit lustigen Wort-, Erzähl- und Schreibspielen gefördert.

Schulkind 6–12 Jahre

Unsinnsgeschichte

- Wir erfinden eine Geschichte. Dabei darf jeder nur einen Satz erzählen, der Nächste erzählt weiter. Was kommt bei der Geschichte wohl heraus?

Jeder erfindet eine eigene Geschichte

- Aus 3–5 Stichwörtern, die für alle gleich verbindlich gelten (vom Spielleiter oder der Gruppe vorgegeben und willkürlich durch vorbereitete Lose gezogen) „bastelt" jeder seine eigene Geschichte, für die er ca. 5 Minuten Zeit hat. Diese Geschichte wird dann in der Gruppe erzählt.

Reime erfinden

- Wer findet einen Reim auf z. B. Pferd, Dame, Helm. Können wir eine Geschichte daraus machen?

Zungenbrecher

- Die Bürsten mit den schwarzen Borsten bürsten besser als die Bürsten mit den weißen Borsten.
- Der dünne Diener durfte die dicke Dame dienstags durch den doofen Dreck drehen, damit die dicke Dame dem dünnen Diener donnerstags dafür dankte.
- Wer schafft es, einen dieser Sätze nur mit einem bestimmten Konsonanten auszusprechen (z. B. ausschließlich mit „a", wie bei den „Drei Chinesen mit dem Kontrabass")?

Beispiele: Sinnvolles zur Feinmotorik, was sich danach zur Bewegung nutzen lässt

Kleinkind 1–3 Jahre

Papprolle bekleben

Ziele: Feinmotorik, Ausdauer, Koordination, Konzentration, Beweglichkeit

Raum: Nebenraum mit abgedecktem Tisch und Stühlen darum

Material: Papprollen (Küchen- oder Klopapierrollen) für jedes Kind und Reserven, Schüsselchen mit dickflüssigem Tapetenkleister, Schüsselchen mit bunten Papierschnipseln, Malkittel für die Kinder

Spielregel: Alle Materialien werden so vorbereitet, dass sie von jedem Kind gut erreichbar sind. Jedes Kind beklebt seine Rolle (Kleister mit dem Finger aufstreichen) so, wie es ihm gefällt. Nach dem Trocknen können die Rollen gut für Bewegungsspiele verwendet werden. Weit wegrollen, wegwerfen, aufstellen um mit dem Ball umzuwerfen, mit dem Fuß umkicken, auf angesagte Körperteile auflegen, transportieren, Turm bauen, als Hindernisse aufstellen, als Markierungspunkt des eigenen Ausgangsplatzes usw.

Vorschulkind 3–6 Jahre

Sockenball

Ziele: Feinmotorik, Erfolgserlebnis, Ausdauer, Fantasie, Koordination

Raum: Nebenraum mit Tisch und Stühlen

Material: Socken, möglichst bunt, Nadel und Faden für jedes Kind
Jedes Kind erhält ein Paar Socken (hier können auch alte, bzw. kaputte oder zwei einzelne Socken verwendet werden). Eine Socke wird nun möglichst rund zusammengeballt und fest in die andere Socke gestopft.
In die zweite Socke wird ein Knoten gemacht, und der Rest wieder umgedreht, darüber gestülpt. Die nun noch verbleibende Öffnung muss zugenäht werden. Diese Bälle eignen sich gut als Wurf-, Ziel- und Jonglierbälle.

Kronkorkenrassel

Material: viele Kronkorken, Hammer, großer Nagel, altes Brett als Unterlage, dicker Draht, evtl. biegsames Kunststoffröhrchen als Handgriff
Mittels Hammer und Nagel werden in die Kronkorkenmitte Löcher geschlagen. Die Kronkorken werden auf den Draht gefädelt, danach das Kunststoffröhrchen. Nun wird der Draht verzwirlt und geschlossen, die Verschlussstelle verschwindet unter dem Handgriff. Nun kann Bewegung rhythmisch begleitet werden.

Schulkind 6 – 12 Jahre

Ziele: Feinmotorik, Erfolgserlebnis, Ausdauer, Fantasie, Koordination, Geschick
Raum: Nebenraum mit abgedecktem Tisch und Stühlen
Material: Stabiler Karton, Lineal, Stifte, Kleber, wasserfeste Farben, Pinsel, evtl. Malkittel

Zahlen-, Motiv- und Farbwürfel

Zuerst wird aus dem Karton eine Form gefertigt, die danach als Würfel zusammengeklebt werden kann (6 zusammenhängende Quadrate, kreuzförmig angeordnet, Klebenahtstellen an den Rändern nicht vergessen). Nach der Überprüfung, ob sich das Gebilde als Würfel zusammenkleben lässt, wird entschieden, womit und wie die Felder bemalt werden sollen (beim Zahlenwürfel ergeben jeweils die Zahl der Ober- und der Unterfläche zusammengezählt 7). Nun müssen nur noch die Seiten genau und stabil zum Würfel verklebt werden.

Wurfeimer

Material: Plastikeimer (oft umsonst aus Lebensmittelgeschäften), wasserfeste Farben, Pinsel, Malkittel, wasserfeste Filzstifte
Die Eimer werden fantasievoll mit Zahlen bemalt, danach kann ein Treffer in den aufgestellten Eimer die entsprechende Punktezahl ergeben.

Lernfelder: Siehe auch bei:
- Deutsch
- Spracherziehung
- Englisch
- Säuglingspflege
- Sozialpädagogische Praxis
- Ökologie und Gesundheit
- Praxis-, Methodenlehre, Medienerziehung
- Musik- und Musikerziehung
- Pädagogik und Psychologie

1.4 Wichtigkeit ausreichender Bewegung für Entwicklung und Gesundheit in jedem Alter

Fitness- und Aktivurlaub sind „in", Rentner haben Fitness-Studios entdeckt, um an ihrer Ausdauer, Kraft und Muskulatur zu arbeiten. Auch Krankenkassen haben diesen Trend erkannt und unterstützen die Fitnesswelle mit Bonuspunkten und Zuschüssen.

Doch diese Bewegungsfreundlichkeit wirkt sich noch nicht auf das Alltagsverhalten unserer Bevölkerung aus. Wir wissen, wie wichtig ausreichende Bewegung für unsere Gesundheit ist, doch haben wir deshalb unseren Lebensstil danach gerichtet?

Vielseitige Bewegung muss in den Alltag integriert werden, um gesundheitlich zu nutzen.

Oft mutet es sonderbar an, wenn wir beobachten, wie Mitbürger die kurze Strecke zu ihrem Fitness-Studio mit dem Auto fahren, dort den Lift benutzen, um für teures Geld an Maschinen Treppen zu steigen und auf Laufbändern zu gehen oder zu laufen. Die Industrie bietet ein Höchstmaß an Designer-Produkten in Form von Riegeln, Getränken und Pulvern, die eigentlich für Hochleistungssportler gedacht sind, um die verbrauchten Energien dem Körper wieder zuzuführen. Nicht selten glaubt Mancher dann, er hätte nach seinem Training ein „gutes Essen" aus dem Fast-Food-Bereich verdient.

Kinder folgen noch ihrem natürlichen Bewegungsdrang. Im Alter von nur ein paar Wochen fangen sie an, neugierig ihren Kopf zu heben, sich durch Rollen umzudrehen, nach dem Vorwärtsrobben zu krabbeln, um dann bald darauf schon erste Schritte zuerst mit Hilfe, dann allein zu tun. Doch werden unsere Kinder schnell mit falschem Vorbild der Großen und damit falschem Denken konfrontiert. Alarmierende Studien zeigen, dass sich die meisten Kinder viel zu wenig bewegen um sich gesund entwickeln zu können.

Mit unserem Verhalten dienen wir Kindern immer als Vorbild.

Durch unsere Ängste und Ungeduld bremsen wir Kinder schnell mit Sätzen wie „Lauf nicht so schnell, du fällst sonst", oder „Das kannst du noch nicht", „Bleib doch endlich still sitzen", „Lass mich das machen" und so weiter.

Wie sieht nun der Alltag vieler Kinder heutzutage aus?

- Morgens gibt es häufig ein überzuckertes Fertigprodukt zum Frühstück. Oder die Kinder werden mit leerem Magen, verschlafen und per Auto bis vor die Schultür gebracht.
- Nicht selten haben sie dann schon einige Zeit vor dem Fernsehapparat verbracht.
- Unser gängiger Unterricht wird größtenteils sitzend und bewegungsarm organisiert.
- Um Unfälle zu vermeiden, gibt es für die Pausen strenge und bewegungsarme Regeln.
- Vielen Lehrern und Anwohnern ist ein niedriger Lärmpegel wichtig, was fast automatisch wieder die Bewegung bremst.
- Nach der Heimfahrt und schnellem Fertigessen beginnt die sitzende Hausaufgabenzeit.

- Die folgenden Stunden verbringen Kinder oft wieder passiv vor Computer, Gameboy oder Fernseher, mit Freizeitstress, Nachhilfe, evtl. Instrument lernen und Ähnlichem, „ausgefüllt" bis zum Abendessen und Schlafen gehen.
- Durch den Bewegungsmangel tagsüber fällt der Schlaf zu oberflächlich, bzw. zu kurz aus, was Konzentrationsmangel beim Lernen begründet.

All die genannten Faktoren bedingen und unterstützen sich gegenseitig, sodass ein uns allen bekannter Teufelskreis entsteht, dem das Kind nur noch mit fachlicher Hilfe entkommen kann. Übertrieben? Vielleicht, jedoch gestaltet sich der Alltag vieler Kinder tatsächlich in ähnlicher Weise.

Nach falscher Vermittlung meiden viele Kinder Sport, Spiel und Bewegung aufgrund vorangegangener Misserfolge, Ablehnung, Zurückweisung und Negativbewertung.

Misserfolge verhindern die Motivation für weitere Versuche.

Immer wieder begegnen uns Kinder, die den Ball nicht fangen können, die häufig weinen, auch solche, die andere schubsen und ärgern. Diese erlebte Außenseiterposition festigt sich meist auch in anderen Lebensbereichen. Deshalb gilt: Wer mit Kindern arbeitet, muss sich zur Förderung der ganzen Persönlichkeit, neben genauer Beobachtung, in Kinder hineinversetzen können, kindgemäße Wege finden, alle Kinder zu Spiel und Bewegung anzuregen, und sie zu beteiligen.

Ist es erstaunlich, dass Schuleingangstests und andere Untersuchungen alarmierend aufzeigen, dass immer mehr Kinder Defizite bei ihrer motorischen Entwicklung aufweisen? Ärzte stellen übereinstimmend fest, dass ein beängstigend hoher Prozentsatz der Kinder bereits im Vorschulalter viel zu dick ist. Zufall?

Fast jede Kindergartengruppe oder Schulklasse hat mit dem Problem „Hyperaktivität" zu kämpfen, ist das für uns normal? Doch wie sollten Kinder ihre Aggressionen abbauen? Wie können sie Gifte aus falscher und übermäßiger Ernährung loswerden? Wie können Ängste aus übermäßigem Fernsehkonsum und Computerspielen abgebaut werden, wenn nicht über Bewegung? Durch ungenügende Bewegungserfahrung befinden sich viele Kinder auf einem niedrigeren motorischen Entwicklungsstand als ihre Altersgenossen.

Aktive sportliche Betätigung ist eine anerkannte Suchtprävention.

Die Bundeszentrale für gesundheitliche Aufklärung startete mit Sportvereinen ihre Kampagne „Kinder stark machen gegen Suchtmittel" durch sportliche Aktivitäten. Was aber sind „starke" Kinder? Hier die Antworten:

- Kinder sind stark, wenn sie Selbstvertrauen haben.
- Kinder sind stark, wenn sie Freiräume haben.
- Kinder sind stark, wenn sie vertrauen können.
- Kinder sind stark, wenn sie positive Vorbilder haben.
- Kinder sind stark, wenn sie Konflikte lösen können.

Aufgabe:
Finden Sie zu jeder dieser Aussagen ein Beispiel aus dem Bewegungsbereich, tauschen Sie die Beispiele mit Ihren Klassenkameradinnen aus und vergleichen Sie die Antworten.

Lernfelder: Siehe auch bei:

- Sozialkunde und Berufskunde
- Pädagogik und Psychologie
- Hauswirtschaftliche Erziehung
- Sozialpädagogische Praxis
- Praxis-, Methodenlehre, Medienerziehung
- Ökologie und Gesundheit
- Säuglingspflege

1.5 Weniger Unfälle durch Bewegung

Vielen Kindern fehlt es heute an Spiel- und Bewegungsräumen, bedingt durch Motorisierung, Technisierung und Fernseh- und Computerkonsum. Unsere veränderten Umweltbedingungen und die damit einhergehende Reizüberflutung lassen Kinder häufig ungeschickt, verkrampft, überaktiv und aggressiv werden.

Aus mehreren Untersuchungen und Statistiken ist bekannt, dass Kinder die sich häufig intensiv bewegen, weniger unfallgefährdet sind. Viele Alltagsunfälle entstehen durch motorische Defizite, mangelndes Gleichgewicht, zu geringe Kraft in den Extremitäten, mangelnde Fähigkeit des Gehens (Fußabrollen), Gewandtheit und Koordination, schlechte Ausdauerleistung, frühe Ermüdung, geringere Konzentrationsfähigkeit. Oft ergeben sich Unfälle, wie Stürze auf ebenem Boden, Fallen gegen Gegenstände, mangelnde Ausweichfähigkeit auf Hindernisse.

Kinder, die es gewohnt sind, sich viel zu bewegen, haben weniger Unfälle.

Der Grund, dass Kinder die sich viel bewegen diese Probleme nicht haben, liegt auf der Hand. Sie haben mehr Erfahrung mit Gefahren, kennen ihren Körper besser und können sich bei gefährlichen Situationen besser abfangen, im Fall schnell drehen um ihren Körper zu schützen. Sie sind gewandter und ihre gesamte Muskulatur ist besser trainiert.

Beispiele, um der Unfallhäufigkeit vorzubeugen

Kleinkind 1–3 Jahre

Abwärtssprünge

Ziele: Sicherheit im Umgang mit dem eigenen Körper, Koordination, Kraft, Ausdauer, Konzentration, Stärkung des Selbstwertgefühls, Rücksichtnahme

Raum: Turnraum

Material: Kleiner Kasten, Weichbodenmatte

Spielregel: Kinder klettern einzeln nacheinander selbstständig auf den Kasten, springen von dort aus auf die Weichbodenmatte, rollen sich evtl. dann seitlich ab.

Vorschulkind 3–6 Jahre

Starker Verkehr

Ziele: Reaktion, Beweglichkeit, Koordination, Kooperation, Ausdauer, Kraft, Konzentration, Rücksichtnahme, Regelverständnis und Einhaltung von Regeln

Raum: Turnraum

Material: Rollbretter, Hindernisse, Bälle in rot, gelb, grün, evtl. Trillerpfeife

Spielregel: Die Kinder fahren selber oder schieben sich gegenseitig als Autos auf den Rollbrettern durch den Raum. Es darf kein Zusammenstoß passieren. Ein Kind ist die Ampel und hält dafür den entsprechenden Ball hoch, ein paar andere Kinder sind Polizisten und passen auf, dass alle richtig reagieren. Die Trillerpfeife darf nur bei Verstößen genutzt werden, ggf. muss ein Fahrer oder ein Team auch einmal eine Runde aussetzen.

Evtl. kann man hierbei auch schon einmal die Rechts-vor-Links-Regel versuchen, in diesem Fall mit Bändchen oder Ähnlichem, um den rechten Arm als Hilfestellung zu kennzeichnen.

Schulkind 6–12 Jahre

Autoscooter

Ziele: Reaktion, Schnelligkeit, Koordination, Kooperation, Rücksichtnahme, Ausdauer, Konzentration, Gewandtheit, Beweglichkeit, Bremsbereitschaft

Raum: Turnraum

Material: 3 größere, weiche, stabile Bälle

Spielregel: Der Turnraum verwandelt sich zum Autoscooter. Alle laufen kreuz und quer, dürfen jedoch nicht mit Anderen zusammenstoßen. So sind schnelle Ausweichmanöver und schnelles Bremsen angesagt. Die Schwierigkeit ist jedoch, dass drei Teilnehmer (sie tragen einen der Bälle als Stoßstange vor sich her) alle Anderen anrempeln dürfen. Nun gilt es auch noch, vor allem diesen drei Autos, auszuweichen.

Natürlich müssen immer wieder die Rollen gewechselt werden, sodass jeder einmal die anderen anrempeln darf.

Lernfelder: Siehe auch bei:

- Sozialkunde und Berufskunde
- Pädagogik und Psychologie
- Rechtskunde
- Hauswirtschaftliche Erziehung
- Sozialpädagogische Praxis
- Praxis-, Methodenlehre, Medienerziehung
- Ökologie und Gesundheit
- Musik und Musikerziehung
- Säuglingspflege

1.6 Bedeutung der Bewegung für Lernen, Begreifen und Verstehen

Der Bayerische Bildungs- und Erziehungsplan (BEP) fordert die Tageseinrichtungen auf, Kinder das Lernen zu lehren und den Wissenserwerb zu fördern. Ziel ist es, „den Kindern Kompetenzen des Wissenserwerbs zu vermitteln, die zu lebenslangem Lernen befähigen" (Eirich, 2003, S. 25). Wie könnte dies besser umgesetzt werden, als mit und durch Bewegungsaufgaben?

Vor Kindern im Krabbelalter ist nichts in der Umgebung sicher, alles wird probiert, heruntergezogen und in den Mund gesteckt. Zum Schutz der Kinder muss so mancher Haushaltsgegenstand verräumt, versperrt oder befestigt werden. Eine ganze Industrie lebt davon, Kindersicherheitsgeräte zu fertigen, wie z. B. Herdgitter (damit nichts heruntergezogen werden kann), Steckdosenverschlüsse (gegen das Einbringen von Gegenständen), Treppengitter (um Treppenauf- und -abgänge zu versperren) und vieles andere mehr.

Kleinkinder müssen vor gefährlichen Erkundungen geschützt werden. Trotzdem gilt: Kinder lernen über Spiel und Bewegung.

Um die Gefahren für die Kinder, (und damit auch deren Bewegungsraum) einzuschränken, bedienen sich Mütter seit Generationen häufig eines sogenannten Laufstalles, denn nur hier, so scheint es, ist das Kind ohne direkte Beaufsichtigung einige Zeit sicher aufgehoben. Doch das Kind nutzt auch diesen eng begrenzten Raum, um seine Fähigkeiten zu erproben und weiter auszubauen, indem es sich daran festhält, durch Muskelkraft zum Stehen hochzieht, um bald, zuerst mit Festhalten, später frei, die ersten Laufschritte zu tun.

Warum sind die Kinder nur so? Wollen sie ihre Aufsichtspersonen ärgern? Wollen sie die Sicherheitshersteller unterstützen? Oder steckt mehr dahinter? Was treibt sie so an?

Kindliches Lernen macht Spaß und es geschieht im Spiel. „Spielerisches Lernen" haben Vorschulerzieher längst zum methodischen Prinzip erkoren. Kinder müssen ihre Umwelt mit allen Sinnen „begreifen".

Nicht nur durch Erklärung, sondern durch Tun und Selbermachen erfassen sie Zusammenhänge.

Der Säugling befühlt, erfasst, erkundet durch seine besonders empfindlichen Mundnerven Dinge, deren Struktur und Beschaffenheit. Er probiert und schluckt, denn wie sollte er sonst erfahren, was essbar ist und wie etwas schmeckt? Dann erst kann er die auf diese Weise eroberten Anteile seiner Umwelt ein- und zuordnen.

Kinder suchen sich überall Übungs- und Bewegungsaufgaben.

Diese Information steckt auch in unserer Sprache, wenn wir sagen, dass jemand etwas „begriffen" hat, so meinen wir, dass er die Sache verstanden, „erfasst" und verarbeitet hat und dass er über dieses Wissen verfügen kann.

Anschauungsmaterial hilft „begreifen".

Doch auch das Kind im Vorschulalter erobert sich seine Umwelt mithilfe seines Körpers. Keine Rampe, keine Mauer, kein Bordstein bleiben ungenutzt, um sich daran hochzuziehen, zu klettern oder zu balancieren. An jedem Ding hat das Kind Interesse, will somit Sinn und Funktion erfassen. Es lernt, seinen Körper mit all seinen Funktionen und seinen Möglichkeiten zu gebrauchen, es lernt vieles über die ihn umgebende Welt, auch über die Beschaffenheit und Funktion verschiedener Gegenstände, wie über die Naturgesetze (siehe hierzu auch Seite 158–164).

Mit all diesem für uns Erwachsene so sinnlos anmutenden Tun, diesen so zeitraubenden Umwegen und all den scheinbar unnötigen Erschwernissen stellt sich das Kind immer neue Übungsaufgaben und gelangt zu immer wieder neuen Lösungen. Und, wie wir stets beobachten können, es lernt äußerst motiviert und konzentriert, es verbessert sich ständig, steckt sich stets neue und höhere Ziele, aber trotzdem ist alles „nur" Spiel.

Oft sind Umwege schnellere Wege zum Ziel.

Auch Erwachsene lernen besser mit ihrem Körper und mit ihren Sinnen.

Doch, erinnern Sie sich bitte, ging es Ihnen im Kindes- und Jugendalter nicht genauso? Vieles, was Sie interessierte, was Sie erleben, erfahren wollten, war verboten, schien den Erwachsenen zu früh, zu gefährlich. Was trieb Sie damals an, warum wollten Sie trotzdem Verbotenenes ausprobieren? Ist es nicht ein wenig auch so: wenn man Ihnen z. B. vom Leben, den

Bräuchen, der Musik und der Landschaft eines fernen und unbekannten Landes erzählt, ist dies sicherlich sehr interessant. Wenn man Ihnen diese Musik zusätzlich vorspielt, ist es natürlich schon mehr. Wenn man Ihnen dann mitgebrachte Gegenstände zeigt und gibt, Spezialitäten serviert, Fotos, oder gar einen Film zeigt, wird dies schon immer besser und spannender (Anschauungsmaterial). All dies ist aber unvergleichlich dazu, wenn man Sie in besagtes Land reisen lässt und Sie all dies selber erleben (lernen) können, denn auch Sie setzen sich das Ziel, etwas mit allen Sinnen zu erfassen, einzuordnen und zu verstehen.

Für Kinder ist sozusagen die ganze Lebenswelt voller „neuer Länder", die erkundet und verstanden werden wollen und auch müssen.

Das Lernen von Vokabeln, Texten und Gedichten fällt unserem Gehirn leichter in Bewegung, probieren Sie das einmal aus! Das Gehirn speichert und verarbeitet alle gemachten Erfahrungen, verknüpft sie miteinander. Nur so ist Lernen möglich.

Das Gehirn speichert und verknüpft Informationen in Bewegung.

Dies wäre vergleichbar mit dem Bau eines Gebäudes, denn nur wenn der Keller stabil und gerade gebaut ist, kann das darauf errichtete Haus den notwendigen Belastungen standhalten, nur dann können weitere Stockwerke errichtet, kann das Haus benutzt und bewohnt werden. Nur wenn ein Kind Grunderfahrungen machen kann und darf, kann es auf diese aufbauen, die verschiedenen Erfahrungen miteinander verknüpfen, sein Wissen und Lernen aufbauen, seine Welt mehr und mehr begreifen.

All dies ist nur mit und über Bewegung möglich, eine Tatsache, die unser Schulsystem leider lange Zeit vernachlässigt hat!

Der Bayerische Bildungs- und Erziehungsplan macht deutlich, welche Fragen vor jeder Intervention geklärt werden müssen (vgl. Eirich, 2003).

- Wo liegen die Stärken des Kindes? Und wie können sie gefördert werden?
- Wo liegen seine Schwächen? Wie kann man sie abbauen?
- Wie lässt sich die Heterogenität einer Gruppe für den Lernprozess nutzbar machen?
- Wie kann man die Kinder an der Gestaltung des Lernarrangements beteiligen?

Um diese Bewegungserfahrungen für Kinder zu ermöglichen, bieten Sie folgende Spiele an und beobachten, wie die Kinder sich dabei verhalten.

Beispiele für ganzkörperliche Lernaufgaben

Kleinkind 1–3 Jahre

Oben drüber, unten durch

Ziele: Grunderfahrungen mit und durch den eigenen Körper, Ausdauer, Beweglichkeit, zunehmende Sicherheit, Koordination, Rücksichtnahme
Raum: freier Nebenraum, Turnraum, Garten
Material: Langbank, (Ersatz: stabil stehende Bänke, Tische, Stühle), Matten
Spielregel: Die Kinder krabbeln auf der Langbank (seitlich mit Matten abgepolstert) entlang, überklettern diese und kriechen unten durch.

Vorschulkind 3–6 Jahre

Sprung in die Tiefe

Ziele: Erfolgserlebnisse, Grunderfahrungen mit Bewegung machen, Ausdauer, Kraft, Beweglichkeit, zunehmende Sicherheit, Koordination, Rücksichtnahme, Mut, Einschätzung der eigenen Fähigkeiten, Spaß
Raum: Turnraum
Material: Sprossenwand, Weichbodenmatte
Spielregel: Kinder klettern an der Sprossenwand so hoch, wie sie sich selber trauen (immer nur ein Kind!) und springen auf die davor liegende Weichbodenmatte.

Hüpfballfangen

Raum: Turnraum
Material: Hüpfbälle mit Haltegriffen in Anzahl der teilnehmenden Kinder
Spielregel: Alle Kinder hüpfen im Raum mithilfe der Bälle. Ein Kind ist der Fänger, er fängt ein anderes Kind durch Abklatschen. Dieses Kind wird neuer Fänger.

Schulkind 6–12 Jahre

Betreten verboten

Ziele: Koordination, Erfolgserlebnisse, Ausdauer, Kraft, Beweglichkeit, zunehmende Sicherheit, Rücksichtnahme, Mut, Spaß, Einschätzung der eigenen Fähigkeiten und Grenzen
Raum: Turnraum, freier Nebenraum
Material: Turngeräte, Matten, Teppichfliesen, (ggf. stabile Tische, Stühle, Bänke)
Spielregel: Die Kinder bewegen sich kreuz und quer durch den Raum, dabei darf aber der Boden nie betreten werden.
Variationen: der Boden darf gar nicht berührt werden oder alles darf nur im Rückwärtsgang absolviert werden.
Mit Sicherheit haben die Kinder noch interessante Ideen und erfinden neue Regeln

Lernfelder: Siehe auch bei:

- Pädagogik und Psychologie
- Ökologie und Gesundheit
- Musik- und Musikerziehung
- Säuglingspflege
- Rechtskunde
- Englisch
- Spracherziehung
- Praxis-, Methodenlehre, Medienerziehung
- Mathematik und Naturwissenschaft
- Hauswirtschaftliche Erziehung
- Werkerziehung und Gestaltung
- Sozialpädagogische Praxis
- Deutsch und Kommunikation

1.7 Was hat die Gehirnfunktion mit Bewegung zu tun?

Um jetzt und in Zukunft bei den gestiegenen Denk- und Entwicklungsanforderungen global mithalten zu können, müssen wir bei der Förderung und Bildung unserer Kinder dem Sport wesentlich mehr Raum und Aufmerksamkeit widmen (vgl. Kupitz, 2008, S. 29).

Die Steuerungs- und Schaltzentrale des Menschen, unser Großhirn, besteht aus zwei Hälften. Die rechte Gehirnhälfte ist für die gegenüberliegende Körperhälfte, also die linke Körperhälfte zuständig, zudem werden hier Emotionen verarbeitet. Die linke Gehirnhälfte steuert nun umgekehrt die rechte Körperhälfte, in dieser Hirnhälfte sind auch die Anteile für analytisch-logisches Denken.

Unsere beiden Gehirnhälften haben unterschiedliche Funktionen und Aufgaben.

Wenn wir unseren rechten Arm bewegen, ist also hierfür unsere linke Gehirnhälfte aktiv. Führen wir nun aber mit beiden Händen, oder mit beiden Beinen eine Tätigkeit aus, so müssen unsere beiden Gehirnhälften gut zusammenarbeiten, um die Tätigkeit optimal zu koordinieren. Vereinfacht ausgedrückt entstehen bei dieser Zusammenarbeit Verbin-

dungen zwischen beiden Hälften, um die gestellte Aufgabe zu ermöglichen. Idealerweise hat ein Gehirn viele Verbindungen, die wir wie Abkürzungswege verstehen können, denn nur so funktioniert der Austausch und das Zusammenspiel schnell und gut.
Natürlich läuft das Ganze ohne unser bewusstes Zutun ab, es wäre ja auch schlimm, wenn wir beispielsweise beim Gehen überlegen müssten, welches Bein jetzt wieder mit dem nächsten Schritt an der Reihe ist.
Funktioniert dieses Zusammenspiel aber nicht so gut, sehen wir dem entsprechenden Menschen eine „Behinderung" an, es hindert ihn also etwas an dem Ziel, das er erreichen will.

Durch Körperkoordination entstehen neue Verbindungen zwischen beiden Gehirnhälften.

Nun könnte man sagen, dass das Kleinkind im Laufe seiner Bewegungsentwicklung bis zum aufrechten Gang die ganze Entwicklungsgeschichte in seinen Bewegungen nachvollzieht.

Als erste Fortbewegungsart entdeckt das Kind die Technik des „Robbens", wobei die Vorwärtsbewegung abwechselnd von den beiden Körperhälften gesteuert wird, also rechter Arm und rechtes Bein gleichzeitig und umgekehrt. Als weitere, praktischere und schnellere Fortbewegung „krabbelt" das Kind. Hierbei werden sogenannte Überkreuzbewegungen angewandt, dabei bewegen sich der rechte Arm und das linke Bein gleichzeitig vorwärts und natürlich wieder umgekehrt der andere Arm mit dem anderen Bein.

Was das Kind jetzt macht, schafft bereits Verbindungen zwischen beiden Gehirnhälften, da diese nun gleichzeitig aktiv sein müssen. Nämlich für den rechten Arm die linke Gehirnhälfte, gleichzeitig mit der rechten Hälfte, die ja das linke Bein steuert. Und je öfter das Kind dies ausübt, desto schneller und effektiver gelingt die Aufgabe und jedes Mal entstehen mehr und stabilere Verbindungen zwischen den Gehirnhälften.

Versäumnisse der Bewegungsentwicklung wirken sich auf viele andere Bereiche aus.

Nun gibt es aber auch Kinder, die aus unterschiedlichen Gründen diese Krabbelphase überspringen. Nicht selten kommt es dadurch später zu Problemen.
Diese ungeübte oder schwierigere Koordinationsfähigkeit zwischen beiden Körperhälften kann sich bei allem auswirken, was nun ein gutes Zusammenspiel beider Körperhälften voraussetzt. Dies ist bei Sport und Bewegung häufig gegeben, z.B. bei Ballspielen, beim Rad fahren usw.

Legasthenie ist auch ein Problem der Körperkoordination.

Bei einem hohen Prozentsatz der Legastheniker kann festgestellt werden, dass sie als Kleinkind die Krabbelphase übersprungen hatten. Nun, auch Lesen und Schreiben haben mit rechts und links zu tun, wie auch mit sicherer Koordination, mit Raumorientierung. Wie sollte ein Kind entscheiden, ob der Buchstabe ein b oder ein d bedeutet, wenn nicht dadurch, dass sich der Strich rechts oder links befindet? Wie sollte es mehrere Buchstaben nacheinander zu einem Wort zusammenfügen, wenn die eigene Koordination nicht gelingt? Häufig gibt es auch bei Mathematik Probleme, weil das Vorstellungsvermögen nicht gut ausgebildet oder sicher ist.

Paul und Gail Dennison beschreiben (vgl. Dennison, Paul/Dennison, Gail, Handbuch der Edu-Kinestetik, 2006), dass das rechte Gehirn (auch Reflexgehirn genannt), uns immer das Ganze vermittelt. Dies ermöglicht uns z. B., schon nach zwei Tönen ein Lied zu erkennen oder in einer Menschenmenge schnell ein bekanntes Gesicht zu finden. Das linke Gehirn (oder Versuchs-Gehirn) ist wiederum auf die Logik und die Sprache spezialisiert. Dies ermöglicht es uns, Informationen in kleine Einheiten zu zerlegen. Nur aber, wenn beide Hälften zusammenarbeiten, wird deshalb Lernen einfach und macht Spaß. Wenn ein Kind z. B. im Unterricht das Ohr „abschaltet", das dem Versuchs-Gehirn zugeordnet ist, kann passieren, dass die Sinneseindrücke des Reflex-Gehirns so vorherrschend sind (etwa Stimmen oder Geräusche), dass das Kind die Bedeutung der Wörter des Unterrichts nicht versteht. Tagträumen, innere Unruhe oder auch Hyperaktivität sind dann oft die Folgen.

Jede Gehirnhälfte hat ihre eigenen Aufgaben.

Aber, weil diese Ursachen mehr und mehr bei Ärzten, Therapeuten und Pädagogen bekannt wurden, kann mit diesem Wissen auch etwas für die Betroffenen getan werden. So ist genau das nachzuholen, was Kleinkinder üben: viele Aufgaben und Übungen, die beide Körperhälften zu Koordination zwingen so wie vielseitige Überkreuzbewegungen.
Auch das Lernen von Kindern ohne Koordinationsschwierigkeiten der beiden Gehirnhälften gelingt besser, wenn beide Gehirnhälften aktiviert sind.

Um die Körperkoordination, also das Zusammenspiel von Armen und Beinen zu unterstützen, bieten Sie den Kindern folgende Spiele an und beobachten dabei deren Geschick.

Beispiele für Aufgaben des wechselseitigen Gebrauchs von Armen und Beinen

Kleinkind 1–3 Jahre

Ballonkicken

Ziele: Gegengleicher Einsatz von Armen und Beinen, Koordination, Ausdauer, Beweglichkeit, zunehmende Bewegungssicherheit, Spaß

Raum: freier Nebenraum, Turnraum

Material: In einen (oder mehrere) nicht prall aufgeblasenen Luftballon geben wir vor dem Aufblasen ein Steinchen von ca. 2 cm Durchmesser, so wird der Ballon ein wenig schwerer, fliegt also nicht gleich weg

Spielregel: Kinder krabbeln und kicken den Ballon dabei durch den Raum.

Vorschulkind 3–6 Jahre

Ballonreaktion

Ziele: Überkreuzbewegungen, Koordination, Reaktion, Ausdauer, Beweglichkeit, Kraft, Zielgenauigkeit, Aufmerksamkeit, Spaß

Raum: freier Nebenraum, Turnraum

Material: In einen (oder mehrere) Luftballon wird mittels eines Trichters Sand anstatt Luft gefüllt (den Ballon nicht sehr dehnen!)

Spielregel: Die Kinder stehen im Kreis, der Werfer des Ballons ruft den Namen eines anderen Kindes, wirft diesem den Ballon zu. Jetzt ist schnelle Reaktion wichtig, schnell zu fangen, den nächsten Namen zu rufen, zu werfen.

Schulkind 6–12 Jahre

Teppichtwister

Ziele: Überkreuzbewegungen, Koordination, Beweglichkeit, Rücksichtnahme, Reaktion, Kraft, Aufmerksamkeit, Ausdauer, rechts-links-Verständnis, Spaß

Raum: freier Nebenraum, Turnraum

Material: Jeweils vier Teppichfliesen (ca. 30 x 30 cm) wie Farbwürfel (z. B. rot, blau, gelb, grün, orange, lila), dazu eine Teppichfliese in weiß (oder schwarz) als Joker mittendrin, selber hergestellter Motivwürfel, der Fuß rechts, Fuß links, Hand rechts, Hand links, Po und Kopf darstellt

Spielregel: Die Teppichfliesen werden bunt, zu einem Kästchen gemischt (5 quer und 5 hoch), auf den Boden gelegt. Ähnlich wie beim Spiel „Twister" wird mit beiden Würfeln gewürfelt und man berührt mit dem entsprechenden Körperteil die entsprechende Farbe. Dies kann von bis zu vier Kindern gleichzeitig probiert werden, wer seine Aufgabe nicht mehr erfüllen kann (aus Platz-, Koordinations- oder Konditionsgründen), lässt das nächste Kind ins Spiel, bis er wieder erneut an die Reihe kommt.

Klatschspiele

Kennen Sie noch die alten Klatschspiele, die Kinder meist selbst erfinden? Diese Spielart lässt sich mit jedem Abzählreim und Ähnlichem machen. Die Grundform geht so: Zwei Kinder stehen sich gegenüber, sprechen den Reim rhythmisch, klatschen dazu 1x in die eigenen Hände, 1x in die rechte Hand des Partners, 1x in die eigenen Hände, 1x in die linke Hand des Partners, 1x in die eigenen Hände, 1x mit beiden Händen in beide Hände des Partners und dann beginnt das Ganze von vorne. Variationen und Erschwernisse erfinden Kinder auf vieles.

Bei folgendem Beispiel ist der letzte Rhythmuspart 3x in beide Hände des Partners:

Bei Müllers hat´s gebrannt -brannt -brannt,
da bin ich hingerannt -rannt -rannt
da war ein Apfelbaum -baum -baum
da wollt' ich Äpfel klau´n klau´n klau´n,
da kam ein Polizist -zist -zist,
der schrieb mich auf die List´ List´ List´,
die Liste fiel in´ Dreck, Dreck, Dreck,
da war mein Name weg, weg, weg,
da lief ich schnell nach Haus, Haus, Haus,
zu meinem Bruder Klaus, Klaus, Klaus,
jetzt ist die G´schichte aus, aus, aus.

Fadenspiele

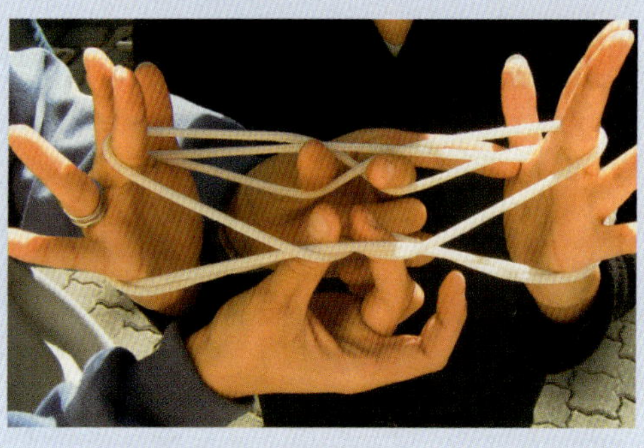

Sind den meisten von uns noch aus der Kindheit bekannt. Es wird vermutet, dass es diese Art von Spielen bereits so lange gibt, wie es Fäden gibt. Die Figuren dabei entwickelten sich in allen Kulturen ähnlich.

Dabei erscheinen Figuren, indem ein Rundgarn nach bestimmten Regeln über die Finger beider Hände gespannt wird. Diese Figuren verändern sich stets durch das Abnehmen des Spielpartners.

Gummitwist

Ist ein Hüpfspiel mehrerer Kinder, es entstand in den 50er-Jahren des letzten Jahrhunderts. Es funktioniert ähnlich wie das Fadenspiel mit den Händen. Dabei wird ein verknüpftes Gummiband mit den Füßen von sich zwei gegenüber stehenden Kindern festgehalten, das dritte Kind führt Hüpfbewegungen mit dem Gummiband aus, die immer komplizierter werden, bei einem Fehler kommt das nächste Kind dran.

Lernfelder: Siehe auch bei:
- Pädagogik und Psychologie
- Ökologie und Gesundheit
- Säuglingspflege
- Musik- und Musikerziehung
- Praxis-, Methodenlehre, Medienerziehung
- Englisch
- Mathematisch-naturwissenschaftliche Erziehung
- Werkerziehung und Gestaltung
- Deutsch und Kommunikation
- Sozialpädagogische Praxis

1.8 Altersspezifische Voraussetzungen und Unterschiede, Bewegungsmöglichkeiten und -einschränkungen

Bis zum Eintritt in den Kindergarten haben Kinder schon viel gelernt, um ihren Körper, und damit ihre Muskulatur, bewusst zu steuern und zu nutzen. Das war ein langer Lernprozess, wenn man bedenkt wie unkoordiniert die Bewegungen eines Säuglings sind. Wir sehen, wie die Bewegungsentwicklung gleichzeitig mit der sprachlichen (bewusste Kontrolle über Mundmotorik), der sozialen (Einfühlungsvermögen in Empfindungen Anderer), der Bewusstseinsentwicklung und Wahrnehmung (sicheres Verfügen über alle Sinnesorgane) voranschreitet.

Bewusste und koordinierte Bewegungen werden langsam gelernt und entwickelt.

Die Differenzierung des Bewegungsverhaltens erfolgt bei jedem Menschen gleich. Bewusste Kontrolle der Bewegungen fängt beim Kopf an (Kopf heben, drehen) und arbeitet sich im Körper voran über die Arme und Hände bis zu den Füßen. Dies bedeutet, je weiter entfernt von der Körpermitte ein Glied ist, desto später gelingt die genaue Kontrolle darüber. Wir sprechen auch von der Grobmotorik (ganzkörperlich), und der Feinmotorik (differenzierte Aufgaben der Finger).

Bewegungssteuerung beginnt beim Kopf und bei der Körpermitte.

Wird beim Kleinkind noch der ganze Körper gebraucht, um einen Ball zu werfen und muss es noch einen zu hohen Krafteinsatz und oft verkrampfte Muskelanspannung einsetzen, so genügt dem Schulkind oft schon eine Armbewegung.

Die differenzierte Feinmotorik kann sich erst aufbauen, wenn das Kind sicher über seine Grobmotorik, also seinen Gesamtkörper, verfügen kann. Aus diesem Grund sind umfassende Ganzkörperbewegungen eine wichtige Vorbereitung, um beispielsweise mit Stift, Schere, Nadel und Faden umzugehen.

Feinmotorik folgt auf Grobmotorik.

Menschen haben es hier schwerer als Tierbabys, die bereits bei ihrer Geburt wesentlich weiter entwickelt sind. Doch auch bei neugeborenen Tieren können noch tapsige und unkoordinierte Bewegungen beobachtet werden.

Klein- und Vorschulkinder sind noch in diesem Entwicklungsprozess, den wir bei der Planung unserer Angebote stets berücksichtigen müssen. Bei Schulkindern können wir zusehends schon umfassendere Bewegungskontrolle und Möglichkeiten erwarten. Der Prozess entwickelt und differenziert sich jedoch ständig weiter.

Deshalb ist es angebracht, Bewegungsangebote so zu gestalten, dass die Bewegungsmöglichkeiten jedes einzelnen Teilnehmers stets ausgebaut und erweitert werden können und dass persönliche Bewegungseinschränkungen vermindert und ausgeglichen werden.

Vorbereitung muss individuelle Möglichkeiten sowie auch Einschränkungen aller Teilnehmer berücksichtigen.

Selbstverständlich nehmen wir Rücksicht auf gesundheitliche Einschränkungen einzelner Teilnehmer. Es ist Aufgabe der Erziehenden, Kinder zu Einfühlungsvermögen und Rücksichtnahme zu befähigen und zu erziehen.

Der Tatsache, dass hierzu von den Kindern ein hohes Maß an Eigenmotivation benötigt wird, kommt entgegen, dass unsere Aufgabenstellung viele freie Lösungen und damit die Eigeninitiative der Kinder herausfordert.

Grundsätzlich ist zu beachten:

- Kein Kind soll zu irgendeiner Übung gezwungen werden.
- Hilfestellung ist wichtig, doch nur zur Unfallverhütung.
- Hilfestellung sonst nur, wo das Kind dies möchte.
- Ermunterung der Kinder, wenn wir sicher sind, dass sie die Aufgabe alleine schaffen können.
- Kinder kennen ihre eigenen Grenzen meist selbst.
- Motivation und Mut zur Aufgabe entsteht durch Attraktivität der Aufgabe.

Beispiele, die selbstständige Weiterentwicklung fördern

Kleinkind 1–3 Jahre

Deckenschlitten

Ziele: Spiel mit Geschwindigkeit und Gleichgewicht, Ausdauer, Kraft, Konzentration, Beweglichkeit, Spaß

Raum: Turnraum

Material: alte Decke

Spielregel: Bis zu drei Kinder sitzen (knien, liegen) auf der Decke, halten sich fest, Erwachsene ziehen den „Schlitten", mit vielen Kurven durch den Raum.

Vorschulkind 3–6 Jahre

Ball auf dem Fallschirm

Ziele: Koordination, Aufmerksamkeit, Reaktion, Rücksichtnahme, Ausdauer, Konzentration, Beweglichkeit, Kooperation, Kraft, Spaß

Raum: Turnraum

Material: Fallschirm, Ball, (ggf. verschiedene Bälle)

Spielregel: Alle Kinder stehen im Kreis und halten gemeinsam den Fallschirm fest.
Der Ball wird auf den Fallschirm gelegt, und von einer zur anderen Seite gerollt. Alle achten darauf, dass er nicht herunterfällt.

Variation: Verschiedene Bälle, z. B. Rot fängt Blau, oder Klein fängt Groß etc.

Variation: Gegenüberstehende Kinder wechseln währenddessen schnell ihren Platz unter dem Fallschirm durch. Kinder haben sicherlich eigene weitere Ideen.

Schulkind 6–12 Jahre

Mattenrutschen

Ziele: Koordination, Aufmerksamkeit, Schnelligkeit, Rücksichtnahme, Ausdauer, Konzentration, Beweglichkeit, Kooperation, Kraft, Spaß

Raum: Turnraum

Material: Weichbodenmatte

Spielregel: Eine Kindergruppe nimmt gemeinsam Anlauf, um dann mit Schwung mit dem Bauch so auf der Weichbodenmatte zu landen, dass diese vorwärts rutscht.

Variation: Bei genug Platz und einer zweiten Weichbodenmatte, kann das Ganze im Wettlauf von zwei Gruppen stattfinden. Welche Gruppe ist zuerst an der gegenüberliegenden Wand? (Weitere Kinderideen)

Lernfelder: Siehe auch bei:

- Pädagogik und Psychologie
- Ökologie und Gesundheit
- Säuglingspflege
- Praxis-, Methodenlehre, Medienerziehung
- Rechtskunde
- Sozialpädagogische Praxis

1.9 Sport und Bewegung als Lernfeld des Sozialverhaltens

Kindern fällt es nicht leicht, Gefühle und Gedanken ihrer Mitmenschen nachzuvollziehen. Sie stauen Aggressionen auf, fast immer müssen sie tun, was Erwachsene verlangen: sich ruhig, still verhalten, sich belehren lassen, zuhören, Rücksicht nehmen, nachgeben, warten können, Dinge hergeben und so weiter.

Kinder stauen im Alltag Aggressionen an – diese können über Bewegung abgebaut werden.

Solche Aggressionen kann und sollte man nun in der viel zu kurz bemessenen Bewegungs- und Freizeit abbauen.

Doch Sport wird oft eher als ein Gegeneinander als ein Miteinander verstanden. Es zählt der als der Beste, der schneller läuft, besser trifft, höher springt, weiter wirft usw. Verletzen und bekriegen sich nicht regelmäßig die Fanclubs der Fußball- oder Hockeyvereine, nur weil „die Anderen" gewonnen haben? Wie passt es da zusammen, dass wir von sozialem Verhaltenstraining durch Sport sprechen?

Prügelnde Sportfans verhalten sich äußerst unsportlich.

Aber es stimmt doch: Durch aktiven Sport werden angestaute Aggressionen sozialverträglicher abgebaut, als würden mit Wut Gegenstände zerstört. Auch die sich bekriegenden Fans bauen durch Bewegung (leider nicht sozialverträglich und damit absolut unakzeptabel) ihre gestauten Aggressionen ab, da sie als Zuschauer ja nichts tun konnten. Hätten sich die Fans selber bewegt, wären überschüssige Energien nicht entstanden!

Schon zu Urzeiten nutzte die Menschheit Sport und Spiel, um aneinander Kräfte zu messen und zu trainieren, um den eigenen Körper besser wahrzunehmen, zu üben, zu vergleichen – und natürlich zum Aggressionsabbau. Wenn Ritter oder Soldaten über einen längeren Zeitraum keine Kampfeinsätze hatten, vertrieben sie sich die Zeit mit Kampfspielen. Dabei entstand aber auch viel Streit und Kampf untereinander.

In der Tierwelt zeigt sich dieses Phänomen. Hier kommt es zu Kampfhandlungen, um zu klären, wer der Stärkere, und damit der „Boss" sein soll. Aber auch bei Stress durch z. B. zu enge Haltung kommt es zu Kämpfen und Verletzungen untereinander. Gesunde und wild lebende Tiere kennen jedoch „fair-play" und hören auf, ihren Gegner zu bekämpfen, sobald geklärt ist, wer der Stärkere und damit der Sieger ist.

Auch Sportler, die im Wettkampf gegeneinander antreten und sich aneinander messen, bauen dadurch Aggressionen ab. Sie werden nach dem Wettkampf wieder ein friedlicher und geduldiger Mitmensch sein.
Durch Sport und Bewegung übt, erprobt und verbessert man körperliches Können. Man lernt, den eigenen Körper geschickt zu gebrauchen, um beim sportlichen Spiel Tore zu treffen, Punkte zu erlangen, zu siegen. Aber auch gegenseitige Hilfe, Rücksichtnahme, abwarten können, gemeinsame Freude erleben, wie auch die eigenen Ängste zu überwinden sind wichtige Bestandteile des Mannschaftsports. Die gemeinsamen Erfolge heben das Selbstbewusstsein und die Selbstsicherheit jeder beteiligten Person stark. Wer sich selbstsicher und frei von Ängsten fühlt, kann seine Mitmenschen, die Sieger, bewundern und feiern und offener und sozialer auf sie zugehen.

Erfolg im Sport hebt das Selbstwertgefühl.

Gerade bei Mannschaftsspielen wie bei Handball, Fußball oder ähnlichen Sportarten , ist es unerlässlich, dass die Gruppe zusammenspielt. Stellen Sie sich ein Fußballspiel vor, bei dem ein bestimmter Spieler einer Mannschaft den Ball nicht an die Mitspieler abgibt! Nicht nur, dass sich die Mitspieler langweilen und deshalb nicht mehr mit ihm spielen wollen, sondern wird auch das Spiel für Zuschauer äußerst fade. Zudem wird es auch so sein, dass der Spieler nicht gewinnen kann, da ein sportliches Kräftemessen unmöglich gemacht wird. Vielmehr wird jeder Spieler darauf achten, wo sich seine Mitspieler befinden und den Ball geschickt von einem zum anderen befördern. Nur so können Tore erzielt werden, was den Reiz des Spiels ausmacht.

Über den gemeinsamen Gewinn kann man sich gemeinsam freuen und diesen gemeinsam feiern. Auch dies ist ein wichtiger Aspekt, was ohne Sozialverhalten nicht möglich wäre. Wenn doch die Gegner gewinnen? Dann ist auch das gemeinsame Verlieren leichter zu ertragen, als für einen Spieler allein. Vielleicht war diesmal die Zusammenarbeit noch nicht gut genug?

Die Grundannahme der Frustrations- und Aggressionstheorien geht davon aus, dass jegliche Aggression eine Folge von Frustration ist. Doch Lernen am Modell hat in kindlichen spielerischen Aktivitäten einen hohen Stellenwert. Erwünschte soziale Verhaltensweisen müssen Kindern regelmäßig vorgelebt werden, um sie zu befähigen, sich diese Verhaltensweisen anzueignen.

Beispiele zur Förderung des Sozialverhaltens

Kleinkind 1–3 Jahre

Von Einem zum Anderen

Ziele: Den Ball abgeben können, Koordination, Aufmerksamkeit, Ausdauer, Beweglichkeit, Kooperation, Zielen, Reaktion, Warten können

Raum: freier Nebenraum, Turnraum

Material: Schaumstoffball

Spielregel: Die Kinder sitzen im Kreis und rollen sich einen Ball zu. Die Erzieherin ruft den Namen des Kindes, dem der Ball als Nächstes zugerollt wird.

Vorschulkind 3–6 Jahre

Kopf fängt Schwanz

Ziele: Koordination, Kooperation, Reaktion, Beweglichkeit, Ausdauer, Aufmerksamkeit, Schnelligkeit, Rücksichtnahme, Spaß

Raum: Turnraum

Material: keines

Spielregel: Die Kinder bilden eine Schlange, jeder hängt sich am Rücken des Vordermannes an. Das erste Kind in der Reihe ist der Kopf der Schlange, dieser versucht den Schwanz (den letzten der Reihe) zu fangen. Dieser versucht aber dies zu verhindern. Die Schlange darf dabei nicht reißen, was bedeutet, dass alle Kinder mitlaufen müssen. Gelingt der Fang, so ist das nächste Kind der Kopf.

Schulkind 6 – 12 Jahre

Festhalten und Vertrauen

Ziele: Vertrauen, Verantwortungsbewusstsein, Rücksichtnahme, Kraft, Kooperation, Koordination, Reaktion, Beweglichkeit, Aufmerksamkeit, Körperspannung, Spaß

Raum: Turnraum

Material: keines

Spielregel: Alle Kinder stehen im Kreis und fassen sich fest an den Händen. Es wird abgezählt, sodass immer neben einer Eins eine Zwei steht, usw. Die Fußsohlen müssen fest auf dem Boden bleiben, der Körper ist gerade und steif.
Auf Kommando lassen sich alle Einser nach vorne, alle Zweier nach hinten kippen. Wie lange kann die Gruppe sich gegenseitig ausbalancieren, wann lässt der Erste locker?

Lernfelder: Siehe auch bei:
- Sozialkunde und Berufskunde
- Pädagogik und Psychologie
- Praxis-, Methodenlehre, Medienerziehung
- Sozialpädagogische Praxis
- Ökologie und Gesundheit

2

Bewegungsfertigkeiten

2.1 Ausdauer

Anstrengung und Schwitzen unterstützen gesunde Körperfunktionen und die bessere Versorgung mit Sauerstoff. Fördernd sind hierfür alle Lauf- und Fangspiele. Gesunde Kinder können dabei kaum überlastet werden, da sie sich nach kurzen Pausen schnell erholen. Wichtig ist, die Motivation der Kinder durch interessante Aufgaben zu erhalten.

Rollerfahren, Skateboard, Inlineskaten, Seilspringen, Fahrradfahren und Schwimmen sind gute Ausdauerübungen.

Beispiele für gute Förderung der Ausdauer

Kleinkind 1–3 Jahre

Ballonvolleyball

Ziele: Ausdauer, Koordination, soziales Zusammenspiel, Rücksichtnahme, Reaktion, Beweglichkeit, Spaß an der Bewegung

Raum: freier Nebenraum, Turnraum oder Garten

Material: Luftballone und optische Raumabtrennung

Spielregel: Der zur Verfügung stehende Raum wird zweigeteilt (Tesakrepp oder Sonstiges). Jeweils die Hälfte der Kinder verteidigt als Mannschaft ihre Raumhälfte. Sie müssen nun dafür sorgen, dass ein oder auch mehrere Luftballons in die gegnerische Hälfte des Spielfeldes gelangen.

Vorschulkind 3–6 Jahre

Schaumgummihockey

Ziele: Ausdauer, Koordination, soziales Zusammenspiel, Rücksichtnahme, Reaktion, Beweglichkeit, Spaß an der Bewegung

Raum: freier Nebenraum, Turnraum oder glatte Außenfläche

Material: Schaumgummirohre (Heizrohrisolierung aus dem Baumarkt) in Anzahl der teilnehmenden Kinder, ein trockener Lappen, optische Raum- und Torabtrennung

Spielregel: Es werden wieder zwei gleichartige Mannschaften gebildet. Mithilfe der Schaumgummistangen muss der Lappen ins gegnerische Tor gebracht, bzw. vom eigenen Tor (mit oder ohne Torwart entscheidet der Spielleiter je nach Fähigkeiten der Gruppe) abgewehrt werden.

Schulkind 6 – 12 Jahre

Ballontreiben
Ziele: Ausdauer, Koordination, soziales Zusammenspiel, Rücksichtnahme, Reaktion, Beweglichkeit, Spaß an der Bewegung
Raum: freier Nebenraum, Turnraum
Material: Luftballone (bzw. Schaumgummiball), Kochlöffel für alle Beteiligten, 2 Stühle als Tor, optische Raumtrennung
Spielregel: Zwei gleich starke Gruppen versuchen den Ballon mithilfe ihres Kochlöffels unter den Stuhl (= Tor) des Gegners zu treiben, bzw. wieder vom eigenen Tor abzuwehren. Hierbei gibt es keinen Torwart (wegen eventueller Kochlöffelschläge)

2.2 Kraft

Der Muskelaufbau des Körpers unterstützt die Haltung und beugt somit Haltungsschäden vor. Mit Aufgaben zu Klettern, Kriechen, Hangeln, Wälzen, Hüpfen, Tragen und Schieben trainieren die Kinder ihre Gesamtmuskulatur. Klettern, Schwingen und Hangeln sind Kraftübungen.

Beispiele zur Förderung von Kraft

Kleinkind 1 – 3 Jahre

Backe an Backe
Ziele: Kraft, Gleichgewicht, Koordination, soziales Zusammenspiel, Reaktion, Beweglichkeit, Spaß an der Bewegung
Raum: Nebenraum, Turnraum, Garten, Gelände
Material: keines
Spielregel: Zwei Kinder stehen mit gegrätschten Beinen Rücken an Rücken, die Pobacken (evtl. auch Fersen) beider Kinder berühren sich. Auf Kommando versuchen beide, den Partner vom Platz zu drängen.

Vorschulkind 3 – 6 Jahre

Standhalten
Ziele: Kraft, Gleichgewicht, Koordination, soziales Zusammenspiel, Reaktion, Beweglichkeit, Spaß an der Bewegung
Raum: Nebenraum, Turnraum, Garten, Gelände
Material: keines
Spielregel: Zwei Kinder stehen sich mit geschlossenen Beinen so gegenüber, dass sich ihre Fußspitzen berühren. Die Handflächen beider Hände liegen aufeinander. Nun gilt es wieder, bei Kommando, den anderen vom Platz zu drücken, bis er die Füße nicht mehr zusammenhalten kann.

Schulkind 6–12 Jahre

Schubkarrenrennen

Ziele: Kraft, Ausdauer, Gleichgewicht, Koordination, soziales Zusammenspiel, Reaktion, Beweglichkeit, Schnelligkeit, Spaß an der Bewegung
Raum: freier Nebenraum, Turnraum, Wiese
Material: keines
Spielregel: Zwei Partner gehören zusammen. Ein Kind ist die Schubkarre, es läuft mit den Händen, der Partner hält seine Beine an den Oberschenkeln (Hohlkreuz vermeiden!) und schiebt. Dies geschieht im Wettlauf mit anderen Schubkarren, beim Rückweg werden die Rollen gewechselt.

2.3 Schnelligkeit

Schnelle Bewegungen und Reaktionen werden durch Gewöhnung und regelmäßige Übung gesteigert. Durch Lauf-, Fang- und Ballspiele lernen Kinder immer sicherer und geschickter mit ihrem eigenen Körper umzugehen. Sämtliche Fang- und Reaktionsspiele trainieren die Schnelligkeit.

Beispiele zur Förderung der Schnelligkeit:

Kleinkind 1–3 Jahre

Alle fangen

Ziele: Schnelligkeit, Reaktion, Ausdauer, soziales Zusammenspiel, Spaß an der Bewegung
Raum: freier Nebenraum, Turnraum, Garten, Gelände
Material: keines
Spielregel: Ein Kind der Gruppe wird genannt, das die ganze Kindergruppe zusammen fängt. Ist jedes Kind gefangen, wird das nächste Kind benannt, so lange, bis jeder einmal von allen gefangen wurde.

Vorschulkind 3–6 Jahre

Schwänzchenspiel

Ziele: Schnelligkeit, Reaktion, Ausdauer, soziales Zusammenspiel, Beweglichkeit, Spaß an der Bewegung
Raum: freier Nebenraum, Turnraum, Garten, Gelände
Material: Seile in Anzahl der Kinder
Spielregel: Das Seil jedes Kindes wird in den Hosenbund als „Schwanz" so befestigt, dass das Ende noch auf dem Boden aufliegt. Durch geschickte und schnelle Fortbewegung muss versucht werden, den eigenen Schwanz zu schützen, doch den Schwanz der anderen durch drauftreten zu entfernen. Die erbeuteten Schwänze gelten jedoch nur, wenn sie auch sofort wie der eigene befestigt werden. Wer hat nach einem akustischen Signal die meisten Schwänze erbeutet?

Schulkind 6–12 Jahre

Du bist mein Schatz

Ziele: Schnelligkeit, Reaktion, Ausdauer, soziales Zusammenspiel, Rücksichtnahme, Beweglichkeit, Spaß an der Bewegung

Raum: Turnraum, Garten, Gelände

Material: keines

Spielregel: Die Kinder laufen durcheinander. Dabei betrachten sie sich gegenseitig und suchen sich währenddessen ihren persönlichen Schatz aus. Bei akustischem Signal läuft jedes Kind schnell zu seinem Schatz und versucht, ihn dreimal zu umkreisen. Da aber jedes Kind einen anderen Schatz aussuchte, wird dies ziemlich durcheinander und schwierig. Das erste Kind, dem es gelang ruft „STOPP", damit kann das Spiel von neuem beginnen.

2.4 Beweglichkeit

Eine ausgeprägte Beweglichkeit hilft, den eigenen Körper in verschiedenen Positionen zu bewegen. Dies ist bei gesunden Kindern in hohem Maße vorhanden. Wir arbeiten daran, dass dies auch so erhalten bleibt. Hier helfen alle Aufgaben, sich zu strecken, zu rollen und zu drehen.

Beispiele zur Förderung der Beweglichkeit

Kleinkind 1–3 Jahre

Oben drüber, unten durch

Ziele: Beweglichkeit, Reaktion, Ausdauer, Rücksichtnahme, soziales Zusammenspiel, Koordination, Spaß an der Bewegung

Raum: Gruppenraum, Nebenraum, Turnraum

Material: Stühle, Tische, evtl. Matten, kleine Kästen, Bank, Sprossenwand, Teppichfliesen

Spielregel: Der Boden darf nicht berührt werden, wir bewegen uns durch den Raum, bei jedem Hindernis muss man unten durchkrabbeln oder drüber klettern, bzw. springen

Vorschulkind 3–6 Jahre

Seilspringen

Ziele: Beweglichkeit, Reaktion, Ausdauer, Koordination, Rücksichtnahme, soziales Zusammenspiel, Spaß an der Bewegung

Raum: freier Nebenraum, Turnraum, Garten, Gelände

Material: Sprungseile, bzw. Langseil

Spielregel: Seilsprünge allein, zu zweit oder in der Gruppe mit verschiedenen Formen und Aufgaben. Durch das Langseil, geschwungen von zwei Personen, kann man durchlaufen, hüpfen und andere Übungen machen.

Schulkind 6–12 Jahre

Wellenreiter

Ziele: Beweglichkeit, Reaktion, Ausdauer, Koordination, Rücksichtnahme, soziales Zusammenspiel, Spaß an der Bewegung
Raum: Stuhlkreis, Turnraum, Garten, Gelände
Material: Stuhlmenge der Kinder
Spielregel: Ein Kind steht in der Kreismitte, es bestimmt die Richtung (rechts oder links) der Welle, es versucht dadurch den leeren Stuhl zu besetzen. Die anderen Kinder setzen sich auf den jeweils freien Stuhl neben sich, aber Achtung, es kann schnellen Richtungswechsel geben. Gelingt es dem mittleren Kind einen Stuhl zu bekommen, sagt es „STOPP." Wer jetzt noch steht, wird der Nächste in der Mitte.

2.5 Koordination

Koordination ist das gute Zusammenspiel der verschiedenen Körperteile, Arme und Beine, Auge und Hand, rechts und links, oben und unten. Dies ist wichtig, um uns sicher in unserer Umwelt zurechtzufinden. Hampelmannsprünge, Hüpfkästchen, Balancieren und Ballspiele fördern die Koordination.

Beispiele zur Förderung der Koordination

Kleinkind 1–3 Jahre

Tanz mit Chiffontüchern

Ziele: Koordination, Beweglichkeit, Reaktion, soziales Erleben, Spaß an Musik und Bewegung
Raum: freier Nebenraum, Turnraum, Garten
Material: Chiffontuch für jedes Kind, Bewegungsmusik
Spielregel: Die Kinder bewegen sich, entsprechend wie sie die Musik empfinden, mithilfe ihres Tuches (Schmetterlingstanz, fallende Herbstblätter etc.)

Vorschulkind 3–6 Jahre

Siamesische Zwillinge

Ziele: Koordination, Reaktion, Beweglichkeit, Rücksichtnahme, soziales Zusammenspiel, Spaß an der Bewegung
Raum: freier Nebenraum, Turnraum, Garten, Gelände
Material: Baumwolltücher
Spielregel: Jeweils zwei nebeneinander stehenden Kindern werden die inneren Beine zusammengebunden. Miteinander koordinierend, müssen die beiden so eine Strecke mit Hindernissen durchqueren ohne zu fallen.

Schulkind 6 – 12 Jahre

Sitzfußball

Ziele: Koordination, Reaktion, Ausdauer, Schnelligkeit, Beweglichkeit, Rücksichtnahme, soziales Zusammenspiel, Kraft, Spaß

Raum: freier Nebenraum, Turnraum

Material: Ball, optische Spielfeldabtrennung, zwei „Tore", Schiedsrichterpfeife

Spielregel: Die gleichen Regeln wie beim Fußball, nur müssen die Mitspieler sitzen, sie dürfen sich ausschließlich auf Händen, Po und Fersen fortbewegen. Der Ball darf auch hier nur mit den Füßen berührt werden.

Lernfelder: Siehe auch bei:

- Ökologie und Gesundheit
- Rechtskunde
- Säuglingspflege
- Musik und Musikerziehung
- Pädagogik und Psychologie
- Praxis-, Methodenlehre, Medienerziehung
- Sozialpädagogische Praxis

3

Reflexion zu Sport und Bewegung

3.1 Meine eigene Einstellung zu Bewegung

Der altbekannte Witz: Versuchen Sie mal, einem Eskimo einen Kühlschrank zu verkaufen. Wenn Sie sich in die Lebenssituation eines Menschen einfühlen, der immer in Eis und Schnee lebt, werden Ihnen schwer Argumente einfallen, wieso dieses Haushaltsgerät für ihn nützlich sein sollte. Gelänge es Ihnen aber, von Ihren Argumenten wirklich selbst überzeugt zu sein, fiele es Ihnen schon viel leichter, auch ihn zu überzeugen.

Wir können Andere nur davon überzeugen, woran wir selbst glauben.

Ähnlich zeigt sich dies auch mit der Bewegungserziehung für Kinder, denn nur wovon wir selber überzeugt sind, nur was Sie befürworten, so wie Sie auch selbst bereit sind zu leben, nur davon können Sie Ihnen anvertraute Kinder wirklich überzeugen. Deshalb ist es wichtig, dass wir uns erst über unsere eigene Einstellung zu Sport und unser Alltagsbewegungsverhalten Gedanken machen, bevor wir an Kinder und Jugendliche herantreten, um ihnen hierzu Grundeinstellungen und Verhalten vermitteln zu wollen.

Aufgabe:

Reflektieren Sie mit Ihren Mitschülerinnen zu folgenden Fragen:

- *Wie ist meine eigene Einstellung zu Alltagsbewegung? Erledige ich kurze Strecken zu Fuß, mit dem Rad oder dem Auto? Warum?*
- *Wie erledige ich meine Einkäufe? Warum?*
- *Benutze ich Treppen, Rolltreppen oder Lift? Warum?*
- *Treffe ich mich abends, und/oder am Wochenende mit Freunden zum Sport?*
- *Wie oft und wie lange in der Woche treibe ich Sport?*
- *Was macht mir dabei Spaß, welchen Sport mag ich nicht?*
- *Worin liegen meine Vorlieben und Abneigungen?*
- *Welche Hobbys und Freizeitbeschäftigungen mag ich?*
- *Was gefällt mir besonders an dieser Freizeitgestaltung?*
- *Welche Art von Urlaub wäre mir die erstrebenswerteste?*
- *Warum würde mir diese Art so besonders zusagen?*
- *Wie wurde ich also, bezüglich Bewegungsfreude und Bewegungsverhalten, zu der Person, die ich heute bin?*
- *War ich ein aufgewecktes, bewegungsfreudiges Kind, oder eher brav und ruhig?*
- *Durfte ich als Kind meine Umgebung erklettern, erkunden?*
- *Kann ich mich an besondere Erfahrungen erinnern, die ich dabei machen konnte?*
- *Durfte ich mich bei Erkundigungen schmutzig machen?*

- *Konnte ich relativ früh gehen, laufen, Radfahren oder andere Fertigkeiten?*
- *Was hasste, was mochte ich besonders beim Schulsport?*
- *Welche persönlichen Bewegungsfähigkeiten habe ich?*
- *Wo sehe ich meine persönlichen Grenzen und wovor habe ich eventuell Ängste bei Sport und Bewegung? Warum?*
- *Welche Bewegungsaufgaben bzw. welchen Sport habe ich als Kind besonders gern gemacht?*
- *Mache ich die Sportart noch immer? Wenn nicht, warum?*
- *Welche Sportart hätte ich immer gern gemacht? Woran lag es, dass ich dies nicht in die Tat umsetzen konnte?*
- *Welche Sportart musste ich evtl. ausführen? Warum machte mir dies keine Freude?*

Entdecken Sie im Gespräch noch weitere wichtige Fragen und Gedanken zu Ihrer Einstellung zu Sport und Bewegung?

Lernfelder: Siehe auch bei:
- Pädagogik und Psychologie
- Ökologie und Gesundheit
- Säuglingspflege
- Praxis-, Methodenlehre, Medienerziehung
- Musik- und Musikerziehung
- Sozialpädagogische Praxis

3.2 Test zur Feststellung der eigenen Fitness

Der Zustand der Fitness bemisst sich aus dem Vermögen von **Kraft, Ausdauer, Beweglichkeit** und **Koordination** des eigenen Körpers. Stellen Sie mit den folgenden Aufgaben Ihren eigenen momentanen Fitnesszustand fest, dann erfahren Sie auch, woran Sie noch arbeiten müssen.

Beantworten Sie folgende Aufgaben ehrlich mit Punkten:

„Kann ich leicht"	= 3 Punkte
„Habe ich Schwierigkeiten"	= 1 Punkt
„Ist mir nicht möglich"	= 0 Punkte

Aufgaben:

- *Eine Entfernung von 2 km schnell zurücklegen (walken) ohne Pause* = *Punkte*
- *300 m laufen ohne Pause* = *Punkte*
- *Fingerspitzen beider Hände berühren sich auf dem Schulterblatt (mit Seitenwechsel)* = *Punkte*

▸ *Aus dem Schneidersitz ohne Hilfe der Hände aufstehen*	=	*Punkte*
▸ *Im Einbeinstand ein Knie zur Brust ziehen (Seitenwechsel)*	=	*Punkte*
▸ *Im Einbeinstand eine Ferse zum Po ziehen (Seitenwechsel)*	=	*Punkte*
▸ *Purzelbaum*	=	*Punkte*
▸ *100 m Zickzacklauf um Hindernisse (evtl. mehrere 10-l-Eimer)*	=	*Punkte*
▸ *Zwei mit Wasser gefüllte 10-l-Eimer um die Hindernisse tragen*	=	*Punkte*
▸ *Den gefüllten Eimer über den Kopf stemmen*	=	*Punkte*
▸ *Die aufgestellten Hindernisse überspringen*	=	*Punkte*
▸ *Ball während des Laufens fangen und zuwerfen*	=	*Punkte*
▸ *Drei Stockwerke hoch im Laufschritt zurücklegen*	=	*Punkte*
▸ *Ausfallschritt, hintere Ferse auf dem Boden*	=	*Punkte*
▸ *50 Hüpfschritte, rechte Hand berührt das linke Knie und umgekehrt*	=	*Punkte*

45–42 Punkte	Gratulation, Sie haben eine sehr gute Fitness in allen Bereichen, bleiben Sie weiterhin dran!
41–35 Punkte	Ihre Fitness ist gut, an ein paar Bereichen sollten Sie noch arbeiten!
34–28 Punkte	Ihre Fitness ist durchschnittlich, Sie wissen jetzt, worum Sie sich besser kümmern müssen!
27–20 Punkte	Ihr Fitnesszustand ist nicht besonders, packen Sie es an, Sie können nur gewinnen!
19– 9 Punkte	Sie haben große Probleme in allen Fitnessbereichen, achten Sie mehr auf Ihre Gesundheit!
unter 9 Punkte	Ihr Fitnesszustand beeinträchtigt in hohem Maße Ihr körperliches Wohlbefinden, organisieren Sie sich Hilfe, um die Gesamtsituation wesentlich zu verbessern.

Aufgabe:
Entscheiden Sie, welche der Fitnessaufgaben die Bereiche ***Kraft, Ausdauer, Beweglichkeit*** *oder* ***Koordination*** *trainieren.*

Zur Feststellung der eigenen Fitness ist die Ermittlung des eigenen **Normalgewichts** hilfreich. Dieses kann anhand der **Body Mass Index-Formel (BMI)** einfach errechnet werden:

Körpergewicht : Körpergröße x Körpergröße = BMI

(Beispiel: Körpergewicht = 55 kg, Größe = 1,60 m
Rechnung: 1,60 x 1,60 = 2,56, BMI = 55 : 2,56 = 21,48 BMI,
d. h. laut der Tabelle zum Normalgewicht befindet sich die Person im normalen Gewichtsbereich.

Normalgewicht für Jugendliche und Erwachsene:
19 – 24 BMI bei weiblichen Personen 20 – 25 BMI bei männlichen Personen

Normalgewicht bei Kindern:

Mädchen		**Jungen**
13,9 – 17,6 BMI	bei 3-jährigen	14,1 – 17,6 BMI
13,7 – 17,5 BMI	bei 4-jährigen	14,0 – 17,5 BMI
13,6 – 17,7 BMI	bei 5-jährigen	13,8 – 17,6 BMI
13,6 – 18,0 BMI	bei 6-jährigen	13,8 – 17,9 BMI
13,7 – 18,5 BMI	bei 7-jährigen	13,9 – 18,3 BMI
13,9 – 19,2 BMI	bei 8-jährigen	14,1 – 19,0 BMI
14,2 – 20,0 BMI	bei 9-jährigen	14,3 – 19,8 BMI
14,5 – 20,8 BMI	bei 10-jährigen	14,6 – 20,6 BMI

(vgl. Deutsche Turnerjugend im Deutschen Turner-Bund e. V., S. 32)

3.3 Stellenwert der Bewegung in der Praktikumsstelle – beobachten und beurteilen

Sie haben bisher schon einiges über die Wichtigkeit der kindlichen Bewegung und deren Auswirkungen auf die gesamte Persönlichkeit des Kindes gelernt.

Jede Woche, die Sie an Ihrer Praktikumsstelle mitarbeiten, können Sie sich dies erworbene Wissen zunutze machen.

Mit den Kindern üben Sie regelmäßig selbst geplante Förderbeschäftigungen durchzuführen, diese immer weiter zu verbessern.

Als Verbesserungshilfe dienen Ihnen neben kritischer Reflexion nach den Beschäftigungen auch die genaue Feststellung und Einschätzung kindlicher Verhaltensweisen und daraus folgernd, Bedürfnisse der Ihnen anvertrauten Kinder.

Mithilfe einiger Fragen sollten Sie nun den Stellenwert der Bewegung an Ihrer Praxisstelle einschätzen und beurteilen. Es geht hier nur um Ihre persönlichen Beobachtungen, Ihre Einschätzung, Ihre Meinung und evtl. Ihre daraus folgenden Verbesserungsvorschläge.

1. Sind Sie der Meinung, dass Kinder in Ihrer Praxisstelle täglich genug Bewegungsmöglichkeiten haben? (Welche, wann, wo, wie lange?)
2. Ermöglicht die Raumgestaltung kindliches Lernen mit und durch Bewegung? (Was, wodurch?)
3. Gibt es Bereiche, die spontan zu Bewegung einladen (Schaukel im Gang, Hüpfkästchen im Garten etc.) wie werden diese von den Kindern genutzt und angenommen? (Was, wo, welche, wie?)
4. Lassen der praktizierte Tagesablauf und aufgestellte Regeln Raum für das Bewegungsbedürfnis aller Kinder? (Wann, wie?)
5. Welche Räume und Geräte dürfen von Kindern selbstständig und unter welchen Bedingungen genutzt werden? (Kurze Aufstellung, Erklärung)
6. Wie oft, wie lange, welche geplanten Bewegungsangebote werden abgehalten? (Von? Für? Beschreibung)
7. Wie verhalten sich die Mitarbeiter gegenüber dem kindlichen Bewegungsdrang? (Erklärung, Beispiele)
8. Gibt es auch Bewegungslandschaften, welche Geräte (groß, klein) werden hierfür angeboten? (wie, wann, wo, für wen, von wem, Regeln, Aufsicht?)
9. Welche situativen Bewegungsspiele (drinnen, draußen) können Sie in Ihrer Praxisstelle beobachten? (Initiator?)
10. Wie ist das Außengelände angelegt, gestaltet? Wie und für welche Bewegungsspiele darf es genutzt werden, was ist verboten? Gibt es genaue Regeln? Werden diese immer eingehalten? Was passiert, wenn sie nicht eingehalten werden? (Beschreibung, Beispiele)

Aufgabe:

1. *Wie hoch schätzen Sie nach Erstellung all dieser Antworten den Stellenwert kindlicher Bewegung in Ihrer Praxisstelle ein? Ziehen Sie Vergleiche zu Nachbareinrichtungen und auch zu Ihrer eigenen Kindheit. Begründen Sie Ihre Aussagen.*
2. *Überlegen Sie sich realisierbare und begründete Verbesserungs- und Ausbauvorschläge zur kindlichen Bewegungsförderung an Ihrer Praxisstelle und listen Sie diese auf.*

3.4 Kinderspielplatz – ein Ort zur Entfaltung?

Öffentliche Kinderspielplätze sind dafür gedacht, den Kindern viel Bewegungs- und Gestaltungsraum zu ermöglichen. In der Praxis funktioniert dies häufig nicht, weil Kosten eingespart werden. So sind angebotene Geräte oft unprofessionell oder schlecht geplant. Häufig finden wir einseitige Spielgeräte, fehlende Angebote für verschiedene Altersstufen, für unterschiedliche Bewegungsmöglichkeiten.

Sind die Plätze erst einmal gebaut, werden sie oft zu wenig gepflegt. Wenn der Platz dann durch rücksichtslose Hundebesitzer zur Hundetoilette verkommt, wenn Geräte verwittern, beschädigt sind, nicht mehr ordnungsgemäß funktionieren, verkümmern sie zu nutzlosem, und damit auch ungenutztem Dasein. Oft regt dann ein so vernachlässigter Platz Jugendliche dazu an, ihren Aggressionen mit noch mehr Zerstörung an den verwahrlosten Objekten nachzugeben.

Kinderspielplätze sollten kreativ und vielseitig nutzbar sein, sie müssen regelmäßig gepflegt und gewartet werden.

Aufgabe Spielplatzbeurteilung:

- *Besuchen Sie einen Kinderspielplatz nahe Ihrer Schule, Arbeitsstelle oder Ihres Wohnorts.*
- *Beurteilen Sie den Spielplatz aus der Sicht von Gebrauchs- und Bewegungsfreundlichkeit für Kinder verschiedenen Alters.*
- *Machen Sie sich Notizen zu nachfolgenden Fragen, tauschen Sie die Ergebnisse mit Ihren Klassenkameradinnen aus.*
- *Wie und was könnte verbessert werden?*
- *Welche Geräte sind besonders attraktiv? (Was, warum?)*
- *Für welche Altersstufen gibt es Betätigungsmöglichkeiten? (Was? Welche?)*
- *Stören sich die unterschiedlichen Altersstufen durch die Geräteanordnung? (Beschreibung)*
- *Gibt es Geräte, die vielseitig verwendbar sind, oder sind die Möglichkeiten festgelegt? (Was, welche, wofür?)*
- *Gibt es mögliche Gefahren für Kinder? (Welche? Warum?)*
- *Sauberkeits- und Hygienesituation? (Beschreibung)*
- *Wie beurteilen Sie den Bewegungsfreiraum für Kinder? (Auslauf, Platz, Abstände?)*

Begründetes Gesamturteil über den Spielplatz (Note 1–6)

3.5 Erstellen einer Bewegungsspielkartei

Suchen und notieren Sie jeweils ein weniger bekanntes Bewegungsspiel, durch das sich körperliche Fertigkeiten trainieren lassen. Tauschen Sie dann die Ergebnisse mit Ihren Klassenkameradinnen aus. So haben Sie bereits einen guten Grundstock, der mit den Jahren ständig wächst. Nun legen Sie sich entsprechend der oben genannten Beispiele Ihre Kartei an.
Karteikästen bekommt man im Schreibwarenhandel und wer es sich mit dem Computer nicht zutraut, kann die Kartei auch per Hand aufzeichnen.

Strukturieren Sie nach Alter, bzw. sozialpädagogischem Einsatzbereich

- Passende Spiele für das Krippenalter (grüne Karteikarten)
- Passende Spiele für das Kindergartenalter (orange Karteikarten)
- Passende Spiele für das Grundschulalter (blaue Karteikarten)

Register nach Raum z. B.

- Stuhlkreis
- Zimmer
- Turnraum
- Garten
- Gelände

Register nach Material, z. B.

- Alltagsmaterial (Stühle, Tücher)
- Ball (Schaumstoff, Tennis)
- Kleingeräte (Seil, Reifen)
- Turngeräte (Bank, Matten)
- Naturmaterial (Zweige, Blätter)

4

Planung, Vorbereitung und Durchführung von Bewegungs- angeboten für Kinder

4.1 Methodischer Stundenaufbau

Planung

Jedes gezielte Angebot muss sorgfältig geplant werden, damit es gelingen kann. Hierfür erarbeitet man in der Ausbildung, oft auch später im Berufsleben, mithilfe eines Organisationsplans alle wichtigen Planungsschritte aus.

Während der Stunde ist ein „Spicken" auf dem vorbereiteten Plan sehr hinderlich. Zur eigenen Absicherung vor Unsicherheit und Vergessen können deshalb die verschiedenen Stationen, Spiele oder Übungen auf kleinen Karteikärtchen notiert werden. Diese lassen sich in der Hosentasche verstauen und man kann problemlos nachschauen und weiterblättern, ohne die Beaufsichtigung der Kinder zu vernachlässigen.

Situativer Ansatz und Zielgruppe

Gelingt es, mit dem geplanten Inhalt der Stunde ein Thema aufzugreifen, das die Kinder zurzeit gerade beschäftigt?
Für welche Kinder aus der Kindergruppe sollte dieses Angebot stattfinden, für Größere, für Kleinere, oder für eine gemischte Kindergruppe? Ist es eventuell eher für Mädchen, oder für Jungen geeignet, warum genau für diese Kinder (siehe Ziele ...). Wie groß sollte die teilnehmende Kindergruppe sein? (Hier muss auch bedacht werden, dass bei einer größeren Gruppe bestimmt mehr Bewegungs- und Spielspaß entsteht).

Vorbereitung

Vor Beginn sollte **Turnkleidung** angezogen werden (selbstverständlich hält sich auch die Erzieherin daran = Vorbildwirkung). Gründe hierfür:

- Hygiene, bei viel Bewegung wird und soll man schwitzen.
- Turnen soll etwas Besonderes sein, das kommt so zum Ausdruck

Umziehen und richtige Turnkleidung ist auch für Kinderturnen erforderlich.

- Das alleinige An- und Ausziehen ist eine erste wichtige motorische Übung für Kinder (dabei ist es unerheblich, ob ein T-Shirt mal verkehrt herum angezogen ist, viel wichtiger ist das „selber Tun" des Kindes, die Erzieherin gibt deshalb nur Hilfestellung, wo diese nötig ist).

Als Nächstes sind geeignete **Schuhe** wichtig, sie sollten

- turnraumgeeignet sein, d. h. sauber (Kinder werden sich auch auf dem Boden bewegen, so sind Schuhe, die auch auf der Straße benutzt werden, ungeeignet.) Die Schuhe müssen fest sitzen, damit sie nicht wegrutschen, gut passen, damit nichts drückt und sie sollten eine rutschfeste Sohle haben, damit Laufen, Bremsen und Kurven ungehemmt und gefahrlos möglich sind.
- alternativ: Socken mit „Rutschbremse", ggf. barfuß (falls hygienisch vom Raum her möglich).
- Vorteilhaft bei Barfußturnen ist ein besseres Bewegungstraining der Fußmuskulatur.

Verletzungsgefahren müssen bedacht und überprüft werden

- Schmuck, Uhren und Haarspangen etc. ablegen, Kaugummis entfernen.
- Raum von Hindernissen befreien (fördern Ablenkung und Verletzung)
- Raum vor Beginn lüften (Gesundheit, vermehrter Sauerstoff)
- Toilettengang mit den Kindern vor Beginn der Beschäftigung (Aufsichtspflicht über alle Kinder, Blasenkontrolle der Kinder ist oft noch nicht so stabil, vor allem bei Begeisterung, bei Anstrengung und Bewegung)

Bei Kindern im Turnraum muss der Überblick über die gesamte Gruppe stets gewahrt sein.

Grundsätzlich zur Organisation

- Möglichst oft sollen alle Kinder gleichzeitig üben, bzw. aktiv beschäftigt sein.
- Eine Gruppe von ca. zwölf Kindern ermöglicht eine bessere Übersicht (bei Krippenkindern empfiehlt sich die Teilnahme von sechs Kindern, ab dem Alter von ca. drei Jahren ist eine zweimalige Durchführung mit jeweils der halben Gruppe sinnvoll).
- Übungen genau zeigen, Spielideen selber kurz „anspielen" (beispielhaft), dann,
- Sich selber so platzieren, dass man stets die Übersicht über alle Kinder behalten kann.
- Sicherheitsvorkehrungen bei allen Übungen (Raumeinteilung, Geräteaufbau, Fensterfront, Gruppenaufstellung, Bewegungsfreiheit und Bewegungsrichtung der Kinder) bedenken, ggf. kontrollieren.
- Rhythmische Bewegungsbegleitung mit Stimme, Händen, Füßen, (sind besser als Trommeln, da nur Wenige die Bewegungsaufgaben rhythmisch abwechslungsreich begleiten können und der monotone Trommelschlag zum Laufen kaum motiviert). Passendes Instrumentalspiel (auch CD oder andere Tonträger sind geeignet) bietet eine gute Alternative, weil dann die eigene Aufmerksamkeit für die Kinder zur Verfügung steht.
- Möglichst wenig Materialwechsel (dies bringt viel Unruhe, nimmt Zeit, Interesse, Motivation und Konzentration der Kinder).

Im Bewegungsraum muss man sich so platzieren, dass man alle Kinder im Blick hat.

Praktische Vorbereitung Material/ Anschauungsmaterial

Anschauungsmaterial wird es bei der Bewegungsstunde nur selten geben, ein Bilderbuch hat im Turnraum normalerweise nichts verloren, da sich die Kinder bewegen sollten, anstatt Bilderbücher zu betrachten.

Was aus dem Bewegungsraum verbannt werden soll

- Sämtliche Süßigkeiten und sonstige Belohnungen haben im Raum nichts verloren. Das Angebot sollte so attraktiv sein, dass es keiner weiteren Belohnung bedarf.
- Kuscheltiere und Spielzeug (Ausnahme, wenn einem Kind sein Schmusetier mehr Sicherheit gibt und damit besonders wichtig ist. Dies soll dann möglichst am Fensterbrett oder einem Ort, wo es nicht stört, als „Zuschauer" bleiben). Erzieher sollten die Mitnahme aber keineswegs initiieren.
- Getränke, weil diese stören und ein Sicherheitsrisiko im Raum darstellen (umfallen). Kinder sollen vor und nach der Bewegung zum Trinken angehalten werden. Auch bei Anstrengung hält jedes normale Kind 30–45 Minuten ohne zu trinken durch. Ausnahme: bei längerem Aufenthalt und Übungen im Freien.

Dagegen ist es wichtig, sich benötigte Übungsmaterialien (Reifen, Matten oder ähnliches) passend zu den geplanten Übungen herzurichten, deren Funktionsfähigkeit und Vollständigkeit zu kontrollieren und diese dann im Raum vorzubereiten.

Raum und Raumgestaltung

Vielleicht gibt es ja nur einen Raum, in dem die Übungsstunde mit Bewegung abgehalten werden kann. Vielleicht kann man nur zu bestimmten Zeiten die Schulturnhalle mit benutzen. Wenn nicht, ist die Überlegung, für welchen Raum man sich entscheidet, wichtig. Als „Raum" ist evtl. auch der Garten eine interessante Möglichkeit. Wichtig ist vor allem, dass der Raum geeignet und frei ist und man darin ungestört arbeiten kann.

Natürlich muss der Raum für die Bewegung nicht so gestaltet werden, dass Bilder oder Sonstiges an den Fenstern aufgehängt werden. Wenn es zu manchen Themen evtl. sinnvoll und richtig ist, Gestaltungselemente in kleinem Umfang herzurichten, dürfen diese die Bewegungsmöglichkeiten niemals einschränken oder gar behindern.

Sehr wichtig ist folglich, dass der Raum so freigeräumt wurde, dass keine Gegenstände behindern können.

Ein vorheriges Lüften des Raumes ist angebracht, da gerade bei Bewegungsaufgaben viel Sauerstoff gebraucht wird.

All diese Überlegungen und Taten betreffen eine sorgfältige und genaue Vorbereitung der Aufgabe wie auch der Kinder. Keiner dieser Punkte gehört in die Einleitung der Bewegungsstunde!

Einleitung soll warm machen, spielerisch sein und zum Hauptthema passen.

Einleitung = spielerisches Warmmachen

Wichtig ist, dies kindgemäß und spielerisch zu organisieren. Das bedeutet, dass das Laufen im Kreis zu eintönigem Trommelschlag nur die Ausnahme sein darf. Sinnvoller und für Kinder motivierender ist ein Laufspiel, oder eine mit Aufgaben verbundene Bewegungsidee, die jedoch bereits unbedingt thematisch zur folgenden Stunde passen soll.

Formen:
Laufen zur Erwärmung, erst danach Hüpfen und Springen zur Steigerung.

Wichtig:
Die Gruppenteilnehmer sollen sich zusammenfinden, auf Bewegung einstellen, für die folgende Stunde motiviert werden, Muskulatur, Kreislauf und Atmung ankurbeln und erwärmen. Eine Steigerung von Bewegung und Tempo muss hier bei der Planung bedacht werden.

Gefahren:
Unterlassene oder ungenügende Erwärmung, zu schnelle Steigerung (Muskel-, Bänder- oder Knochenverletzung, Atem-, Herz-, Kreislaufprobleme, Schwindel, Seitenstechen).

Hauptteil = eigentliches Thema der Stunde

Formen:
Gymnastik für Füße, Rücken, Beweglichkeit, Spiel, Tanz, Mannschaftsspiel, Handgeräte, sonstige Materialien, Erlebnisturnen und Bewegungsgeschichten (schaukeln, balancieren, klettern, springen etc.), oder auch die Arbeit an Schnelligkeit, Geschicklichkeit, Konzentration, Gleichgewicht, Kraft, Koordination und Ausdauer.

Wichtig:
Inhalt und Aufgaben müssen einen Ausgleich zum Alltag, bzw. einen Ausgleich zu mangelnden bzw. einseitigen Bewegungen bieten. Spaß und Kreativität in/an der Bewegung sollen vermittelt werden.

Der Stundeninhalt muss dem Alter und den Bedürfnissen der Teilnehmer entsprechen.

Hilfreich ist dazu, sich bei der Planung die Frage „Was will/braucht die Gruppe?" zu stellen (siehe hierzu auch Muster-Organisationsplan Seite 74–78). Die Aufgabe muss evtl. der Gruppe, dem Alter gemäß „eingekleidet" und verändert, angepasst werden. Auf Spielregeln und deren Einhaltung muss der Gruppenleiter genau achten. Denn das Einhalten von Regeln verhindert Verletzungen, aber auch müssen Kinder lernen, sich an Regeln zu halten (wichtig für das gesellschaftliche Zusammenleben). Das Einhalten der Regeln entspricht dem Gerechtigkeitsempfinden der Kinder, zudem haben Kinder ein genaues Gespür, ob sie ernst genommen werden, oder ob Pluspunkte geschenkt wurden.

Gefahren:
Beschaffenheit des Raumes (Boden, Hindernisse etc.) falsche, bzw. zu wenig Hilfestellung, Kinder oder Aufsichtsperson trauen sich zu viel zu, Fouls, mangelnde Autorität der Aufsichtsperson, Zwang und Gewaltakte, körperfremde/-schädigende Übungen.

Abschluss = Passender Stundenausklang

Auch dieser muss wieder zur Stunde passen, sodass aus Einleitung, Hauptteil und Schluss ein harmonisches und vollständiges Erlebnis entsteht.
Bei der Planung dieses Teils muss bedacht werden, wie ausgelassen und energiegeladen der Hauptteil war (Wechsel von Anspannung und Entspannung). War die Stunde sehr lebhaft, ist es angebracht, die Kinder durch ein kurzes kindgemäßes Entspannungsangebot wieder zu beruhigen (auch hier sind mehr Planung und Fantasie gefragt, als die Kinder nur auf Matten zu legen und bewusst atmen zu lassen, bzw. immer die gleiche Entspannungsgeschichte oder -methode anzubieten) (siehe hierzu auch Seite 133–143, Entspannung).

Vielleicht erscheint es bei der Planung notwendig (man kennt seine Kinder in der Regel), nochmal vor Verlassen des Turnraums die Kinder richtig „aufdrehen" zu lassen, damit sie die folgenden Stunden wieder zufrieden und konzentriert anderen Aufgaben und Angeboten nachgehen können.

Der Abschluss muss thematisch zur Reststunde passen, Abwechslung von Spannung und Entspannung berücksichtigen.

Formen:

- themenbezogen: Probieren des neu Erlernten, Sing-, Klatsch- und Tanzspiele, einbezogenes Ende der Geschichte bei Erlebnisturnen und Bewegungsgeschichten.
- lebhaft: passendes Lauf-, Fang- oder Bewegungsspiel, Tanz, Wettbewerb
- entspannend: Entspannungsangebot, Massage, Fantasiereise

Wichtig:

Der Abschluss muss die bisherige Thematik der Stunde ergänzen. Hier soll die Stunde ausklingen. Es sollte geplant werden, ob Austoben, Spaß oder Beruhigung der Kinder mit Entspannung notwendig ist.

Das Ende muss deutlich angekündigt werden, sodass allen Beteiligten klar ist, wann mit der Bewegung, bzw. dem Austoben Schluss ist. Dies macht es wesentlich leichter, das Ende tatsächlich einzuhalten und durchzusetzen. Verlierer bei Ausscheidespielen werden immer mit Beteiligungsaufgaben ins Geschehen einbezogen! Niemals dürfen Kinder aufgefordert werden, sich vor den Anderen umzuziehen. Denn damit würden sie nach dem Verlieren, das oft als persönliches Versagen empfunden wird, nochmals zusätzlich bestraft (Selbstwertgefühl).

Gefahren:

Übereifer bei lebhaftem Abschluss, Nicht-zum-Ende-kommen-Wollen, Unfallgefahr durch nachlassende Konzentration.

Ausscheidespiele sind meist ungeeignet.

4.2 Ziele und Inhalte der Bewegungsstunden

Der Verbraucher erwartet zu Recht keine Mogelpackungen. Was beispielsweise auf einer Verpackung angeboten wird, das sollte diese schließlich auch enthalten. So ist es auch mit Sport- und Bewegungsstunden, wo Bewegung „drauf steht", soll auch Bewegung „drin sein". Was bedeutet, dass die Zielsetzung hier auf jeden Fall mit der Förderung der Kinder in diesen Bereichen zu tun haben muss. Übungsstunden, bei denen die Kinder nur herumsitzen, herumstehen, zuhören und besprechen sollen und „so tun als ob-Bewegungen" ausführen, entsprechen einer Mogelpackung.

In jeder Bewegungsstunde sollten die Kinder ins Schwitzen geraten, sich austoben, überschüssige Energien und Aggressionen abbauen. Nur so wird diese Stunde den Kindern, und auch ihrem Namen gerecht. Dass Bewegungsstunden stets Ausgleich zum Alltag bieten, muss selbstverständlich sein.

Bewegung ist der Hauptinhalt, dies muss sichtbar und spürbar zu erkennen sein.

Die hier genannten Ziele sind beispielhaft zu sehen, sie erheben keinen Anspruch auf Ausschließlichkeit. Doch oberstes Ziel muss immer möglichst viel sowie möglichst vielseitige Bewegung sein.

Ziele zum Ausbau körperlicher Fähigkeiten und Fertigkeiten:		
Kraft	Ausdauer	Schnelligkeit
Genauigkeit	Bewegungsfreude	Reaktion
Koordination	Elastizität	Gleichgewicht
Geschicklichkeit	Bremsvermögen	Ausweichen
Ziele zur Verstärkung sozialer Fähigkeiten:		
Einfühlung	Rücksichtnahme	Toleranz
Verantwortung	Anpassung	Mut
Selbstvertrauen	Regeln beachten	Führen
Kooperation	Frustrationstoleranz	Folgen
Hilfsbereitschaft	Kontaktfähigkeit	Vertrauen
Anerkennung	Fantasie	Warten
Ziele zur Schulung der Aufmerksamkeit:		
Seitigkeit (rechts-links)	Ideen	Planung
Regelverständnis	Sehen	Spüren
Vorstellungskraft	Konzentration	Formen
Entscheidungen treffen	Beobachten	Symbole
Hören	Reagieren	Reihenfolge
Farben	Zielgenauigkeit	Erkennen

4.3 Raum- und Materialausstattung und -pflege

Idealerweise steht für regelmäßige Bewegung ein großer Turnraum zur Verfügung, leider ist dies nicht immer der Fall. Um dem Ideal nahezukommen, sollte unser Raum möglichst viele der folgenden Merkmale aufweisen.

Ausstattung von Raum und Material sowie regelmäßige Pflege dieser sind wichtige Voraussetzung für fachlich gute Arbeit.

Raum:

- Der Raum ist groß und tageslichthell, gute Frischluftzufuhr ist gewährleistet.
- Der Raum ist frei von Hindernissen und Möbeln.
- Der Boden ist frei von Gegenständen.
- Der Boden ist weich und hygienisch wischbar.
- Für Bewegung notwendige Materialien sind den Kindern selbstständig zugänglich.
- Materialien haben ihren geordneten und übersichtlichen Platz, möglichst in Einbauschränken und Regalen.

Materialausstattung:

- Bälle verschiedenster Art
- Gymnastikreifen
- Seile und Taue
- Matten
- Schwungtuch
- Stabile Deckenringe
- Rollbretter und ähnliches
- Sämtliche Alltagsmaterialien, die sich eignen und bewähren (verletzungsfrei und sauber)

In diversen Ausstattungskatalogen gibt es umfangreiches Rhythmik- und Bewegungsmaterial (Rhythmikwagen). Hier kann man auch Großbaukästen für veränderbare Geräte erwerben, mit deren Hilfe sich kindliche Spiel-, Rutsch-, Balancier- und Klettervorstellungen bauen und somit variabel verwirklichen lassen.

Raum und Materialien müssen funktionsfähig sein und häufig genutzt werden dürfen.

Doch nutzt das beste Material nichts, wenn es Kindern nicht häufig und selbstständig zur Verfügung steht, wenn es nicht gepflegt, geordnet und gereinigt und übersichtlich aufbewahrt, wenn es nicht regelmäßig auf Vollständigkeit, Funktionstüchtigkeit, auf mögliche Verletzungsgefahren überprüft und gewartet wird.

4.4 Sicherheitsüberlegungen und -vorkehrungen

Sicherheitsüberlegungen sind ein wichtiger Bestandteil der Planung. Die Erziehungsperson trägt immer Verantwortung für sämtliche ihr anvertraute Kinder. Für unsere Überlegungen und Vorkehrungen unterscheiden wir deshalb vor allem nach den vier verschiedenen Faktoren:

Sämtliche Verletzungsmöglichkeiten müssen durchdacht, überprüft und ausgeschlossen werden.

Raum:

- Verletzungsmöglichkeit?
- Defektes? (Steckdosen etc.)
- Frei von Hindernissen?
- Herausstehendes?
- Bremswege?
- Stolperfallen?
- Fensterscheiben?
- Boden rutschfrei?

Geräte:

- Herausstehendes?
- Geeignet für das Alter?
- Aufbau, Kombination?
- Verletzungsmöglichkeiten?
- Heiler Zustand?
- Stabil?
- Standfläche?
- Kippsicherheit?

Kinder:

- Schuhe?
- Schmuck?
- Brille?
- Umgang?
- Aktivität?
- Kleidung?
- Haarspangen?
- Kaugummi?
- Regelakzeptanz?
- Vertrauen?

Kinderpflegerin oder Erzieherin:

- Durchsetzung?
- Konsequenz?
- Aufmerksamkeit?
- Fachwissen?
- Einschätzungsvermögen?
- Übersicht?
- Vorplanung?
- Sicherheit?
- Hilfestellung?
- Geduld

4.5 Sicherheit bei Geräten, Gerätekombinationen

Aus Sicherheitsgründen sollten bei der Konstruktion von Geräten bzw. Gerätekombinationen folgende Punkte berücksichtigt werden:

- Kinder dürfen die Großgeräte nur unter Aufsicht benutzen.
- Geräte sind vor der Benutzung auf Funktionstüchtigkeit und erkennbare Mängel zu überprüfen (Beschädigungen von Holzteilen etc., die möglicherweise bei vorheriger alternativer Nutzung entstanden sind).
- Geräte und Matten müssen sachgemäß und sicher transportiert, platziert und aufgebaut werden (z. B. Stangen nur senkrecht tragen, Verankerungen richtig einrasten lassen etc.)
- Großgeräte müssen lückenlos mit rutschsicheren Matten umpolstert werden.
- Es müssen ausreichend große Sicherheitsabstände sowohl zwischen einzelnen Geräten/ Gerätekombinationen als auch zu den Hallen- bzw. Trennwänden berücksichtigt werden. Ausnahmen: Übungen, bei denen die Wand bewusst in Gerätearrangements miteinbezogen wird.

- Für Laufaufgaben müssen Lauf- und Bremswege mit entsprechendem Sicherheitsabstand bedacht werden.
- Informationen über Nutzungsmöglichkeiten von Geräten sind ggf. beim Gerätehersteller einzuholen (Belastbarkeit von Tauen, Dachkonstruktionen etc.).
- Bei schwingenden Geräteaufbauten sind Schwungbereiche freizuhalten.
- Die Verbindungen zwischen den Geräten dürfen nicht improvisiert werden (Sprungseilchen als Verbindung von Geräten untereinander). Es müssen fundierte Kenntnisse in der Knotentechnik und geeignetes Seil- und Gurtmaterial vorhanden sein.
- Geräte müssen so gestaltet sein, dass jedes Kind die Möglichkeit hat, eine Bewegung bzw. Übung jederzeit abzubrechen, ohne sich selbst oder andere zu gefährden.
- Geräte dürfen nur so eingesetzt werden, dass sie nicht beschädigt werden. Dies gilt vor allem auch für Matten. Diese dürfen über das beim Tragen hinausgehende Maß nicht gebogen oder geknickt werden. Deshalb sind bei Gerätearrangements, bei denen Matten geknickt werden, nur Matten einzusetzen, die nicht mehr bei den üblichen Landesituationen benutzt werden und als solche gekennzeichnet sind.
- Erzieher haben darauf zu achten, dass verknotete Taue nach der Benutzung wieder gelöst werden. Dauerknoten in den Tauen sind unzulässig.
- Verlangen Sie, dass Anlagen, Geräte und Ausrüstungen regelmäßig instandgehalten und gewartet werden (Federn, Gummiteile etc.).

(vgl. Bundesverband der Unfallkassen, 2007)

4.6 Aufsichtspflicht und Verantwortung

Jedem, der mit Kindern arbeitet, muss klar sein, dass er für deren Sicherheit und Unverletztheit in jedem Moment die Verantwortung trägt. Dies wurde vom Gesetzgeber vorgesehen, da Kindern selber noch der vorausschauende Weitblick für eventuell gefährliche Situationen fehlt. Ihre Wahrnehmung und Konzentration ist noch nicht ausgereift und liegt oft auf anderen Aspekten.

Wer mit Kindern arbeitet, trägt Verantwortung für deren Unversehrtheit.

In einem Turnraum ist es viel schwerer, Aufsicht zu gewährleisten, weil für das einzelne Kind so viele anregende, interessante Geräte vorhanden sind, die ja gerade dazu auffordern, sie zu besteigen, zu erklettern und zu erkunden. Es passiert schnell, dass ein Kind herunterfällt, sich einen Finger oder Fuß einklemmt, ausrutscht, über oder gegen herumliegende bzw. feststehende Gegenstände fällt. Unfallstatistiken und Untersuchungsergebnisse beweisen, dass den Kindern, die wenig Bewegungserfahrung haben, größere und mehrere Unfälle geschehen, als Geübten.

Beim Turnen ist Disziplin besonders schwierig, doch auch besonders wichtig.

Voraussehende Planung ist deshalb unerlässlich.

- Der Raum muss genau überprüft werden mit der Überlegung: „Was könnte passieren, wenn …?"
- Alles Herumliegende ist zu verstauen.
- Gerätschaften und deren Anordnung sind kritisch zu überdenken.
- Übungsaufgaben sind gut zu durchplanen.
- Disziplin- und Konsequenzmaßnahmen gut durchdenken.
- Regeln müssen den Kindern verständlich erklärt und unbedingt eingehalten werden.
- Hilfestellungen müssen richtig, sinnvoll und durchdacht sein.
- Kein Kind darf zu irgendwelchen Aufgaben gezwungen werden.
- Alle Kinder müssen im Blickfeld der Aufsichtsperson sein, damit diese rechtzeitig eventuell notwendige Maßnahmen ergreifen kann.
- Kinder dürfen mit den Aufgaben nicht überfordert sein.

Ist dies alles gewährleistet, so ist die Aufsichtspflicht auch bei Sport- und Bewegungsaufgaben erfüllt.

4.7 Muster-Organisationsplan mit Handgerät (Seile)

1. Aufgabe/Thema

Bewegungsstunde mit Gymnastikseilen

2. Situativer Ansatz und Zielgruppe

Ich habe mich auf die Turnstunde vorbereitet, weil die Kinder bei dem jetzigen schlechten Wetter weniger Bewegungsmöglichkeit haben, der Bewegungsdrang der Kinder normalerweise aber groß und für die gesunde kindliche Entwicklung wichtig und notwendig ist.

Für diese Beschäftigung nehme ich die halbe Kindergartengruppe, vor allem erst die 5–6-Jährigen, weil ihr Bewegungsbedürfnis am stärksten erscheint, und weil sie die geforderten Aufgaben sicher erfüllen können. Wenn wir mit allem fertig sind, werde ich das Angebot nochmals mit der zweiten Gruppenhälfte wiederholen, denn auch die Kleinen wollen und sollen sich austoben und bewegen dürfen.

3. Zielsetzung

Vor allem möchte ich den Kindern Bewegungs- und Austobemöglichkeiten im Nebenraum bieten, weil sie diese, wie bereits erwähnt, benötigen. Durch die Übungen soll ihr sozialer Umgang und Rücksichtnahme aufeinander mit Spaß geschult werden, bedingt durch die Spiele und Spielregeln. Die Kinder sollten sich auch als Vorbereitung zur Schule an die Regeln halten, Konzentration üben und am Schluss wieder zur Ruhe kommen, damit sie nicht so überdreht in die Gruppe zurückkommen.

4. Vorbereitung

4.1 Medien und Material, Anschauungsmaterial

Ich benötige Gymnastikseile in der Menge der teilnehmenden Kinder plus eines für mich zum Zeigen. Dies werde ich in einem Korb im Nebenraum vorbereiten, einen CD-Player mit entspannender Musik für den Schluss, dünne Matten, auf die die Kinder sich kurz zur Entspannung legen können.

4.2 Raum und Raumgestaltung

Ich versichere mich, dass der Nebenraum frei von Hindernissen und Gegenständen ist, richte das Material darin her und lüfte den Raum vor Beginn noch gut durch, damit genügend Sauerstoff zur Verfügung steht.

4.3 Vorüberlegungen

Ich werde meine vorbereiteten Übungen nochmals gut durchlesen, damit ich während der Beschäftigung nicht nachzusehen brauche. Zur Sicherheit habe ich mir alle Übungen auf kleine Karteikärtchen notiert. Diese Kärtchen trage ich in der Hosentasche. So kann ich, wenn nötig nachschauen, wie es weitergeht, die Kärtchen lassen sich leicht weiterblättern. So bin ich nicht in Gefahr, dass ich meine Aufmerksamkeit über die Gruppe verliere.
Die Kinder wissen, dass sie sich zu Beginn selbstständig ihre Turnsachen anziehen müssen. Dadurch lernen sie, dass man sich für Sport bewegungsfreundliche Kleidung anzieht, sie

üben die Selbstständigkeit im An- und Ausziehen, was sehr wichtig ist, da es in diesem Alter meist die Mütter machen. Ich lasse den Kindern hierfür genügend Zeit, weil es durch mangelnde Übung noch nicht so schnell geht. Natürlich helfe ich, wo es notwendig erscheint. Ich achte darauf, dass die Kinder ihren Schmuck und eventuell verletzende Haarspangen ablegen, und dass die Schuhe richtig gebunden sind, damit keiner dadurch hinfällt.

Nachdem die Kinder mit mir den Turnraum betreten haben, werde ich sie sich kurz im Kreis aufstellen lassen, um ihnen mitzuteilen, was sie heute erwartet. Ich werde sie dabei nochmals auf die Verhaltensregeln im Turnraum aufmerksam machen, sodass keine Verletzungen passieren können. Aufgaben, Übungen und Spiele werde ich genau erklären, ggf. vormachen, dann kurz mit den Kindern „anspielen“, damit sie wissen wie es geht und sicher und motiviert ihre Aufgabe angehen können. Ansonsten werde ich mich immer so im Raum bewegen, dass ich den Bewegungen der Kinder nicht im Wege bin, aber alle Kinder gut beobachten kann, um deren Schwierigkeiten und evtl. Förderbedarf, aber auch deren Entwicklung und Fortschritte erkennen zu können. Zudem ist es mir wichtig, auf diese Art mögliche Gefahren frühzeitig zu erkennen, um schnell einschreiten zu können. Ich bin mir dessen bewusst, dass eine ständige Aufmerksamkeit und Präsenz von mir erforderlich ist, dass ich zu allen Kindern laufenden Blickkontakt benötige, um auch dadurch diese von meiner Motivation zu überzeugen und zu ihrem Tun zu motivieren.

5. Ablauf

5.1 Einleitung/Hinführung Zeit: ca. 7 Min.

Was?	Wie und Warum?
„Schwänzchenspiel“	Ich erkläre den Kindern das Spiel zum Aufwärmen: Die Kinder stecken sich ein Seil hinten in den Hosenbund, sodass es noch auf dem Boden aufkommt, als Schwänzchen. Nun jagen sie sich durch das Steigen auf ein Seilende gegenseitig die Seile ab, erbeutete Schwänzchen werden zum eigenen dazugesteckt.
Jetzt folgt das nächste Spiel: Pferdekutsche	Ich erkläre den Kindern: Nun sucht sich jeder einen Partner, einer hat das Seil um den Bauch (Pferd), der andere hat die zwei Enden in der Hand und ist Kutscher, er lenkt sein Pferd schnell durch den Raum vorbei an den anderen.
Wechsel von Pferd und Kutscher	Damit jedes Kind beide Rollen probieren kann.

Danach sind die Kinder zufrieden, ein bisschen ausgetobt und warm, sodass keine Muskelverzerrungen mehr passieren können, ich kann jetzt zu langsameren Aufgaben übergehen.

5.2 Durchführung Zeit: ca. 25 Min.

Was?	Wie und Warum?
Pferdekutsche mit „blindem" Pferd	Pferd schließt die Augen und wird durch Zügelzug durch den Raum gehend an Hindernissen vorbei gelenkt. Die Kinder sollten sich hierfür konzentrieren, aufeinander achten und körperlich wieder beruhigen.
Wechsel von Pferd und Kutscher	Damit die Kinder beides ausprobieren können
Seilbalance	Nun legen die Kinder ihr Seil ausgebreitet auf den Boden und balancieren (wenn möglich barfuß oder in Socken) auf dem Seil, dies ist eine gute Übung für die Fußmuskulatur und zur Konzentration sowie zur Gesamtkörperkoordination für die Kinder, es schult den Gleichgewichtssinn.
Seilbalance rückwärts	Variation der Aufgabe, damit keine Langeweile entsteht
Mit den Füßen bringen wir das Seil zu einem Haufen	Ich zeige den Kindern das Zusammenscharren, Fußgymnastik, da die kindlichen Füße zu wenig bewegt werden, weil sie immer in Schuhen stecken.
Seil mit den Zehen greifen, hochheben, winken	Fußgymnastik, Konzentration, Koordination des Körpers
Partner legt einen Weg mit dem Seil	Jetzt erkläre ich und zeige vor: Kinder sollten mit geschlossenen Augen mit den Füßen den Weg erfühlen und gehen. Auch hier geht es mir um die Bewegung der Fußmuskulatur und um die Konzentration, aber auch um das partnerschaftliche Tun, um faire Verantwortung für den anderen.
Partnerwechsel	siehe oben
Seilspringen	Die Kinder haben jetzt ruhige Aufgaben gemacht. So kommen sie wieder in intensive Bewegung. Auch diese Übung schult die Koordination, Konzentration und macht den Kindern Spaß. Ich achte darauf, dass wegen der Rutschgefahr kein Kind in Strümpfen springt. Auch mache ich die Kinder darauf aufmerksam, nicht andere Kinder beim Seilschwung zu treffen.
Eventuell Seilziehen	Partnerweise können die Kinder so ihre Kraft messen. Ich achte darauf, dass die Partnerauswahl ausgeglichen verläuft, damit jedes Kind eine Chance hat und nicht frustriert wird.
Eventuell Seilschwingen	Mehrere Seile werden zu einem langen Seil verknotet und an einer Seite befestigt. Ich schwinge das Seil in hohem Bogen, die Kinder können durchlaufen. Sie müssen hierfür warten lernen, bis sie dran sind, nicht vordrängeln, sich konzentrieren für den besten Startzeitpunkt. Auch hier sind Koordination und Konzentration gefragt.

5.3 Abschluss Zeit: ca. 7 Min.

Was?	Wie und Warum?
Entspannung	Ich lege entspannende Musik ein, erkläre und zeige: Die Kinder suchen sich einen Freund, einer der beiden legt sich mit dem Bauch auf eine Matte, der andere legt auf dessen Rücken mit dem Seil einfache Formen, die er dann ein wenig aufdrückt (Dreieck, Kreis, Quadrat, Haus ...). Der Liegende versucht die Form zu erfühlen und zu erraten. Hier ist wieder Konzentration erforderlich. Auch möchte ich, dass sich die Kinder nach den lebhaften Übungen wieder beruhigen und zu sich selber finden, bevor wir uns umziehen und in die Gruppe zurückkehren. Ich zeige und erkläre den Kindern wie sie die einfachen Formen auflegen können, damit der Partner es erspüren kann.
Partnerwechsel	Geben und Nehmen sollen den Kindern hier verständlich werden, auch sollen alle Kinder wieder ruhig werden.
Kurzreflexion	Ich bitte die Kinder, sich zusammen mit mir kurz auf den Boden im Kreis zu setzen, um sie zu fragen, ob ihnen die Stunde Spaß gemacht hat. Ich lasse jeden kurz erzählen, was ihm am besten gefiel. Die Kinder müssen so lernen, sich gegenseitig zuzuhören, zu warten bis sie dran sind, nachzudenken und sich ihrer Gefühle klarzuwerden, sie in Worte fassen, und ich erfahre so noch einmal, was den Kindern besonders gefallen hat.
Aufräumen, umziehen	Wir räumen zusammen Matten und Seile auf. Jedes Kind zieht sich wieder selber um und räumt seine Turnkleidung auf. Ich lasse den Kindern auch hier die nötige Zeit zur selbstständigen Erfüllung der Aufgabe, die Kinder sollen Selbstständigkeit und Verantwortung üben, dabei sich ernst genommen fühlen und stolz auf ihre eigene Leistung sein.

Zusammen gehen wir in den Gruppenraum zurück zu den anderen Kindern.

4.8 Reflexion – Nacharbeit und Vorbereitung für zukünftige Planungen

Es ist wichtig, qualifizierte Angebote für Kinder zuvor genau zu planen, um ein gutes Gelingen zu ermöglichen. Genauso wichtig ist jedoch auch eine anschließende ehrliche Reflexion der Stunde, um zu erkennen, ob die Planung einen erfolgreichen Ablauf ermöglicht hat.

Deshalb stellen wir uns nach Abschluss des Angebots hierzu selbst einige Fragen:

- Waren die im Raum getroffenen Vorbereitungen richtig und ausreichend?
- Waren die benutzten Geräte und Materialien sinnvoll, für die Kinder anregend und von mir richtig eingesetzt?
- Welche Ziele habe ich mir gesetzt, habe ich diese erreicht?
- Konnte ich alle Kinder stets motivieren, hatten alle Freude und Spaß?
- Woran konnte ich dies feststellen?
- Welche Übungen habe ich geplant, waren es zu wenige, zu viele, waren die Kinder weder unter- noch überfordert?
- Waren Sicherheitsvorkehrungen richtig und ausreichend?
- Konnte ich mich bei den Kindern durchsetzen?
- War meine Einleitung motivierend, passend zum Thema?
- Traten Schwierigkeiten auf, woran lag das, wie hätte ich das Problem verhindern können?
- Was konnte ich bei den Kindern beobachten? (Körperliche, soziale, kreative Fähigkeiten)
- Hatte ich einen ruhigen oder lebhaften Abschluss geplant?
- Warum war das richtig, bzw. falsch so?
- Passte der Abschluss thematisch zu meiner Stunde?
- Wie konnte das Aufräumen organisiert werden?
- Was ist mir noch besonders wichtig, über diese Stunde festzuhalten?
- Musste ich von meiner Planung abweichen, warum?
- Das nächste Mal würde ich es wieder genauso machen, bzw. Folgendes ändern ...

Lernfelder: siehe auch bei:

- Berufs- und Rechtskunde
- Deutsch, Kommunikation
- Praxis-, Methodenlehre, Medienerziehung
- Pädagogik und Psychologie
- Sozialpädagogische Praxis

5

Motivierende Arbeitsrichtungen, die heutige Bewegungsangebote für Kinder beeinflussen

Die Arbeitsansätze verschiedener Richtungen, z. B. Psychomotorik, Rhythmik etc., überschneiden sich zum Teil. Deshalb ist es nicht immer möglich, bei praktischen Beispielen Umsetzungsmöglichkeiten zu nennen, die nur für ein spezifisches Thema taugen. So werden bei jeder der Bewegungsaufgaben mehrere Fördermöglichkeiten angesprochen, was bedeutet, dass Umsetzungsvorschläge u. U. auch bei anderem Arbeitsansatz bzw. bei anderen Zielen passend wären, denn auch hier ist „alles in Bewegung". Kurz gesagt: Die gleiche Aufgabe kann zu verschiedenen Zielen führen – je nach Ansatz.

5.1 Psychomotorische Erziehung, ein entwicklungsfördernder Bewegungsansatz

Sportpädagogik und Jugendarbeit wurden durch keine andere Arbeitsrichtung so stark verändert wie durch die Psychomotorik. Attraktive Sport- und Bewegungsaufgaben wurden mit Wahrnehmungs- und Sinnesschulung, mit Erfindenlassen und Sammeln von Erfahrung, Nutzung neuer attraktiver Geräte sowie partnerschaftlicher und kindzentrierter Vermittlung verknüpft und in gut organisierte Lernsituationen für Kinder und Jugendliche verpackt. So werden die Bereiche Wahrnehmen, Erleben, Bewegen und Handeln eng miteinander verknüpft. Deshalb wird hier „Bewegung" nicht allein auf das körperliche Bewegen bezogen, sondern die ganze Person sollte durch diese Aufgaben in Bewegung kommen und sich dabei weiterentwickeln. Somit arbeitet die Psychomotorik an der körperlichen und an der geistigen Beweglichkeit.

Psychomotorik arbeitet, wie der Name sagt, an der Psyche und an der Motorik. Also an der körperlichen und an der geistigen Beweglichkeit.

Bei der psychomotorischen Arbeit werden keine Bewegungsnormen vorgeschrieben, sie kennt kein fantasieloses Vor- und Nachmachen, also kein Erlernen von vorgegebenen Bewegungsfertigkeiten.

Anstatt an Defiziten wird an Fähigkeiten angesetzt, dies erzeugt Motivation.

Ohne Negativbewertungen befürchten zu müssen, soll jeder seine eigenen Lösungsmöglichkeiten zu den vorgegebenen Aufgaben suchen, probieren und erfinden.

Diese Arbeitsweise hat große Erfolge damit, Kinder bei ihrer Entfaltung und Selbsterfahrung zu unterstützen. Auch entwicklungsverzögerte, tollpatschige, hyperaktive sowie bewegungs- und verhaltensauffällige Kinder bemerken selbst nach kurzer Zeit spürbare Verbesserung bei ihren Problemen. Psychomotorik setzt an Fähigkeiten der Teilnehmer, anstatt an Defiziten an. So wächst bald das Selbstwertgefühl Betroffener, und damit auch die Motivation und Bereitschaft zu intensiver Mitarbeit, auch bestehende Defizite aufzuarbeiten.

Notwendige Entwicklungsaufgaben sind nur über Bewegung erfahrbar, Kinder lernen dadurch Gefahren richtig einzuschätzen.

5.1.1 Kindliche Erfahrungen durch Sport und Bewegung

Durch Sport und Bewegung machen Kinder vielfältige Erfahrungen. Vorrangiges Ziel jeder Erziehung, besonders der Bewegungserziehung, sollten Kinder sein, die mit sich und ihrer Welt zufrieden sind, die sich gerne bewegen und sich hier selbst immer spannende und neue Aufgaben stellen können. Denn eine Vernachlässigung der Bewegung führt zu Unterdrückung ursprünglicher kindlicher Bedürfnisse und zu motorischen Defiziten.

Ziel der Psychomotorik ist es, über Bewegungserlebnisse zur Stabilisierung der Persönlichkeit beizutragen, das Vertrauen in die eigenen Fähigkeiten zu stärken und einen Ausgleich zu motorischen Schwächen und Störungen zu ermöglichen.

Es ist erwiesen, dass Kinder mit mangelnden Bewegungserfahrungen vermehrte Unfallhäufigkeit aufweisen. Diese Kinder wissen nicht, wie sie sich festhalten müssen, ihnen fehlt Erfahrung, wie tragfähig ein zu erkletternder Gegenstand ist, oder, dass der Stuhl auf all seinen Beinen gerade stehen muss, bevor man daraufsteigt. Diese Kinder haben nicht gelernt, beim Fallen und bei Sprüngen richtig aufzukommen, oder sich abzurollen. Ihr Gleichgewichtssinn ist ungeübt und damit unfähig, auszugleichen. Da helfen

Verbote wenig zur Unfallvorbeugung. Viel hilfreicher ist es, das Kind zu „begleiten", es auf Gefahren und deren Vermeidung aufmerksam zu machen, gemeinsam mit ihm zu überlegen, wie Unfälle verhindert werden könnten. Ansonsten gilt hier die Devise: üben, üben, üben, denn nur durch dieses experimentierende Bewegen lernt das Kind seinen Körper, seine Grenzen kennen und es lernt, mit Gefahren umzugehen.

Umfassende und vielseitige Bewegungserfahrung verringert die Unfallhäufigkeit.

Dieses Wissen ist zum Glück in der heutigen Rechtsprechung zur Aufsichtspflicht angekommen. Man tut seiner Aufsichtspflicht nicht dadurch genüge, indem man alles verbietet, nur um Sicherheit zu garantieren, mögliche Unfälle zu vermeiden, sondern vielmehr sollte man Kinder sich erproben lassen.

Die Aufsichtspflicht besteht darin, dass man mit Kindern erarbeitet, worauf zu achten ist, um mögliche Unfälle zu vermeiden. Das heißt unter Umständen, dass man mit den Kindern überlegt, wie man die gewünschte Aufgabe sicher erfüllen könnte, wo und wie man man hintritt, sich festhält, wie die Boden- oder Raumbeschaffenheit ist, welche Gegenstände im Weg sein könnten, wo eventuell eine Matte unterlegt werden muss und so weiter.

Natürlich muss dieses Tun dann auch regelmäßig weiter beaufsichtigt werden, um sicherzugehen, dass die Kinder den richtigen Umgang verstanden haben und dass sie die Vorsichtsmaßnahmen wie gewünscht einhalten. Geschieht dies verlässlich und sind die Erziehungspersonen in der Lage, das Können und das Verhalten der ihnen anvertrauten Kinder in der Regel einzuschätzen, dann haben sie ihrer Aufsichtspflicht genüge getan.

Kinder müssen ihre Fähigkeiten erproben dürfen.

Beispiel einer psychomotorischen Aufgabenstellung

Ziele: Soziales Zusammenspiel, Rücksichtnahme, Selbstbewusstsein, Koordination, Beweglichkeit, motorische Fähigkeiten ausbauen, Kreativität,
Raum: Turnhalle
Material: Sämtliche vorhandenen Groß- und Kleingeräte, ggf. Alltagsmaterialien

Spielregel: Der Erzieher stellt eine offene Aufgabe wie z. B. einen Urwald zu erstellen. Alle vorhandenen Geräte und Materialien dürfen benutzt werden, die Kinder helfen alle zusammen und bauen sich verschiedene Gerätekombinationen nach ihrer Fantasie, um dann damit zu spielen, diese Landschaften zu beklettern und auszuprobieren. So üben sie ihre **motorischen** Fähigkeiten, leben **Fantasien** und **Ideen** aus, nehmen aufeinander **Rücksicht**, üben ihre **Kräfte**, verlieren **Ängste** und **vieles mehr**. Die Aufgabe des Erziehers besteht darin, die Sicherheit der Gebilde zu überwachen, bei Bedarf mitzuhelfen, bei Konflikten zu vermitteln, Regeln zu diskutieren und mitzuspielen (siehe hierzu auch Seite 120–122, Bewegungslandschaften).

5.1.2 Erfahrungen mit dem eigenen Körper

Rechts, links, oben, unten, alles bezieht sich auf den eigenen Körper und dessen Position. Dieses Wechselspiel ändert sich ständig, durch jede Drehung unseres Körpers und immer wieder muss man sich neu orientieren, umdenken.

Durch mehr Erfahrung mit dem eigenen Körper, durch Kennenlernen der eigenen Stärken und Schwächen und eigenen Grenzen über den Weg der Bewegung gewinnt man an Sicherheit. Den eigenen Körper wahrnehmen, seinen Pulsschlag nach Anstrengung zu fühlen, in Ruhe den eigenen Atem hören, all dies sind wichtige Erfahrungen.

Mit diesem oft unbewussten Wissen und Können nimmt das Selbstvertrauen ständig zu, was zu weiterer Auseinandersetzung mit neuen Aufgaben ermuntert. Die Entfaltung einer eigenständigen selbstsicheren Persönlichkeit basiert auf den daraus gewonnenen vielfältigen Kompetenzen. Erfahrungen mit dem eigenen Körper machen wir nur über die Sinne: über Sehen, Hören, Riechen, Schmecken, Spüren und über das Gleichgewicht nehmen wir unsere Umwelt wahr, vergleichen, finden uns selbst und ordnen uns in die Welt ein.

Um sich in der Welt zu orientieren, müssen Kinder gut mit ihrem Körper vertraut sein.

Beispiele zu Erfahrungen mit dem eigenen Körper

Kleinkind 1 – 3 Jahre

Autowaschanlage

Ziele: Den eigenen Körper angenehm wahrnehmen, Rücksichtnahme, Gruppenzusammengehörigkeit, Bewegung, Spaß

Raum: freier Nebenraum, Turnraum, Wiese, Freifläche

Material: keines, ggf. Rollbrett, Rutschauto oder Dreirad etc.

Spielregel: Es wird kurz besprochen, was eine Autowaschanlage ist, wie die Autowäsche funktioniert. Die Kinder bewegen sich als „Autos" kreuz und quer durch den Raum, sie sollten aufpassen, dass sie nicht zusammenstoßen, keine Unfälle verursachen. Dann bildet die Gruppe eine Gasse, unsere „Waschanlage". Ein Kind krabbelt (robbt, kriecht, fährt ...) nun durch die Gasse. Während der Durchfahrt wird es von allen anderen gestreichelt, gerubbelt, „gewaschen", ggf. mittels festem Anblasen getrocknet. Dann hilft dieses Kind beim Waschen, und das nächste fährt durch die Waschanlage.

Vorschulkind 3 – 6 Jahre

Fantasieland

Ziele: Körperwahrnehmung, Bewegung, Gruppenzusammengehörigkeit, Rücksichtnahme, Einfühlungsvermögen, Kooperation, Spaß

Raum: freier Nebenraum, Turnraum, Garten

Material: keines

Spielregel: Wir befinden uns in einem Land, da haben die Leute ganz komische Bräuche, sie begrüßen jeden mit der Nase (Nase zu Nase), mit der Backe, mit dem Po, mit dem Ellbogen etc.

Spiegelbild

Ziele: Körperwahrnehmung, Bewegung, Einfühlungsvermögen, Rücksichtnahme, Konzentration, Kooperation, Spaß

Raum: freier Nebenraum, Turnraum, Garten

Material: keines

Spielregel: Ein Kind macht dem Partner beliebige Bewegungen vor, der Partner versucht dies nachzuahmen, als ob er der Spiegel des anderen wäre.

Schulkind 6 – 12 Jahre

Rechts-links-Land

Ziele: Körperwahrnehmung, Koordination, Konzentration, Einfühlungsvermögen, Fantasie, Bewegung, Rücksichtnahme, Rechts-links-Empfinden, Spaß

Raum: freier Nebenraum, Turnraum, Garten

Material: Musik
Spielregel: Die Kinder bewegen sich beliebig zur Musik im Raum. Bei Musikstopp müssen bestimmte Körperteile richtig berührt werden. Die Erzieherin gibt Anweisungen wie „rechte Hand, linkes Knie", oder „rechtes Knie, rechte Backe" ..., die Kinder versuchen dies auszuführen. Es wird kontrolliert, ob alles richtig ausgeführt wurde.
Variation, Erschwernis: Die Berührung erfolgt bei einem anderen Kind, also die rechte Hand eines Kindes berührt das linke Knie eines anderen Kinds.

5.1.3 Erfahrungen mit Anderen

Erkenntnisse, Eindrücke und Erlebnisse mit und über Andere sind durch Spiel und Bewegung einfach.
Das Kind lernt, wie es mit Anderen umzugehen hat, lernt Rücksicht auf Langsamere oder Kleine zu nehmen, erfährt, was Anderen weh tut, wo die Grenzen des Freundes sind. All dies sind spielerische Erfahrungen zur sozialen Wahrnehmung mit Anderen.
Kommunikation und Interaktion, Vertrauen und Integration, Anpassung an Situationen und an Mitspieler, abwarten können, auch Übernahme von Verantwortung wird beim Bewegungsspiel erprobt, verändert und geübt.

Über Bewegung ist Kontakt zu Anderen und Kennenlernen Anderer möglich.

Beispiele zu Erfahrungen mit anderen Personen

Kleinkind 1–3 Jahre

Flummi
Ziele: Einhalten von Regeln, Einfühlungsvermögen, Anpassung an Partner, Fantasie, Vorstellungsvermögen, Kooperation, Reaktion, Beweglichkeit, Wahrnehmung, Spaß
Raum: freier Nebenraum, Turnraum, Garten
Material: Schaumstoffball
Spielregel: Wir geben im Kreis stehend (ggf. sitzend) einen Ball weiter, plötzlich merken wir, dass sich der Ball verändert, er wird ganz schwer (leicht, heiß, klebrig, mal stinkt er usw., und genau so, wie dies dann wäre, geben wir den Ball pantomimisch zum Nächsten)

Hand in Hand
Ziele: wie oben
Raum: wie oben
Material: Hindernisse im Raum (zum Überqueren etc.), Musik
Spielregel: Je zwei Kinder fassen sich an der Hand, gehen zur Musik durch den Raum, weichen Hindernissen aus, bzw. überqueren sie, doch darf die Hand des Partners dabei nicht losgelassen, dürfen andere Paare nicht angestoßen werden.

Vorschulkind 3–6 Jahre

Rücken an Rücken

Ziele: Kooperation, Vertrauen, Koordination, Beweglichkeit, Reaktion, Spaß, Konzentration, Wahrnehmung, Selbsteinschätzung, Verantwortung für andere
Raum: freier Nebenraum, Turnraum, Garten
Material: Bewegungsmusik, ggf. Hindernisse
Spielregel: Jeweils zwei Kinder gehen, (laufen) zur Musik durch den Raum, doch die Rücken der beiden sind miteinander untrennbar verwachsen.

Drei-Bein-Lauf

Ziele: wie oben
Raum: wie oben
Material: Tücher zum Binden, Bewegungsmusik
Spielregel: Wieder jeweils zwei Kinder arbeiten partnerschaftlich zusammen, sie stehen nebeneinander, wobei jeweils das innere Bein der Partner zusammengebunden wird. Nun sollen sich die Kinder als Dreibeiner durch den Raum bewegen, ohne zu fallen und ohne andere Paare zu stoßen. Wer will, kann dies mit Hindernissen im Raum noch etwas steigern.

Schulkind 6–12 Jahre

Denkmal

Ziele: Anpassung an den Partner, Regeln einhalten, Kooperation, Initiative ergreifen, Rollenübernahme, Körperbewusstsein, Selbstwertgefühl, Vertrauen, Koordination
Raum: freier Nebenraum, Turnraum
Material: keines, evtl. ein großer Spiegel, eine Kamera
Spielregel: Zwei Spieler beginnen damit, dass ein Kind das andere zu einem Teil eines Denkmals „modelliert". Danach wird der Künstler selber vom nächsten Kind mit angebaut usw., bis sich das letzte Kind selber einfügt. Wichtig ist vor allem, dass keiner dabei spricht, und dass alle beteiligt werden.
Interessant wäre das Ganze, wenn sich die ganze Gruppe selber im Spiegel als Denkmal sehen könnte, bzw. wenn ein Erinnerungsfoto gemacht würde.

5.1.4 Erfahrungen mit unterschiedlichem Material

Wie fühlen sich verschiedene Materialien an, wenn man beispielsweise barfuß darüber läuft? Welche Dinge fliegen weit, welche nicht? Großräumige grobmotorische Materialkonstruktionen, Hand- und Fingergeschicklichkeit, all dies will ausprobiert werden.

Wie muss man hohe Türme bauen, damit sie nicht fallen? Wie hoch kann man dabei gehen? Was kann mit verschiedenen Alltagsmaterialien wie Zeitungen, Schwämmen, Kartons oder Joghurtbechern noch gemacht werden? Wie fühlen sie sich an, wie ist ihre Beschaffenheit?

Worauf kann man klettern oder balancieren? Wie „verhalten“ sich unterschiedliche Materialien in verschiedenen Situationen, was muss beachtet, was verändert werden?

Beim Spielen mit verschiedenen Bällen müssen sich Kinder ständig mit veränderten Bedingungen auseinandersetzen (Größe, Oberflächenbeschaffenheit, Gewicht, Flugverhalten usw.). Wie, weshalb, warum, wer nicht probiert, bleibt dumm … Der kognitive Bereich wird hier gefördert.

Erfahrung über Beschaffenheit, Eigenschaften, Umgang von und mit allen Materialien geschieht durch Bewegung.

Beispiele zu Materialerfahrung

Kleinkind 1–3 Jahre

Kugelbad, Bällebad

Ziele: wie oben

Raum: Nebenraum mit Abgrenzungsmöglichkeit ca. 2 x 2 m,

Material: viele Bälle, Kugeln oder Kastanien oder auch diese und ähnliche Materialien gemischt

Spielregel: Bis zu vier Kinder dürfen ganzkörperlich in diesem Bad „schwimmen“, tauchen, wühlen etc. Werfen ist jedoch verboten.

Vorschulkind 3–6 Jahre

Bewegungsbaustelle

Ziele: Koordination, Beweglichkeit, Konzentration, Reaktion, Wahrnehmung, Kraft, Kooperation, Gleichgewicht, Ausdauer

Raum: Turnraum

Material: Alle vorhandenen Großgeräte bzw. Großbaukasten für Gerätearrangements

Spielregel: Die Kinder planen und bauen mit dem Erwachsenen eine Bewegungslandschaft, auf der geklettert, gekrabbelt, gehüpft und geschaukelt werden kann. So können die Geräte „erobert“ und dabei die eigenen motorischen Fähigkeiten geübt und erweitert werden. Die Erziehungsperson achtet natürlich auf Sicherheit der Aufbauten sowie auf die Einhaltung der zuvor gemeinsam erarbeiteten Regeln zur Sicherheit aller Teilnehmer.

Schulkind 6 – 12 Jahre

Fühlweg
Ziele: Wahrnehmung, Konzentration, Verantwortung für andere, Kooperation
Raum: möglichst im Freien
Material: verschiedene Naturmaterialien wie Zweige, Zapfen, Steine, Sand
Spielregel: Schulkinder können den Fühlweg barfuß gehen, jedoch werden sie mit verbundenen Augen vom Partner geführt und müssen benennen, was sie gerade betreten.

5.1.5 Bewegungserfahrungen mit Raum, Entfernung und Dimension

Was für den Umgang mit Anderen und für die Erkundung von Material gilt, hat auch für die Begriffe Raum und Entfernung Gültigkeit. Auch diese kann man nur verstehen, indem man sie ausprobiert und selbst erfährt. Weite, Höhe, Ausdehnung und Volumen wollen erforscht werden. Nur wenn sich ein Kind diesen „Freiraum" schafft, um sich darin vielfältig zu bewegen, wird es diese Begriffe wirklich verstehen und „erfassen" können.

Entfernung, Ausmaß, Raum und Volumen können nur über Bewegung verstanden werden.

All diese Erfahrungen bietet unsere normale Umwelt mit ihrem Vorrang für Verkehr, Parkplätze, mit Hundehäufchen in jedem Grünstreifen nicht. Durch die Erledigung täglicher Aufgaben mittels Technik, Geräten und Motoren sind eigene Erfahrungswerte gering geworden.

Beispiele für Aufgaben zur Raumerfahrung

Kleinkind 1 – 3 Jahre

Auf, unter, neben …
Ziele: Verständnis für Wortbedeutung, Beweglichkeit, Konzentration, Kooperation, Koordination, Reaktion, Spaß

Raum: Nebenraum evtl. mit Tisch und Stühlen, Turnraum
Material: Akustisches Signal (Triangel, Becken etc.), Teppichfliesen
Spielregel:
Nach Ertönen des akustischen Signals erfolgt eine Aufforderung, sich neben, auf, unter ... etwas zu platzieren.

Taubenhaus
Ziele: Beweglichkeit, Freude an Bewegung und Musik, Konzentration, Reaktion, Koordination, Spaß
Raum: freier Nebenraum, Turnraum, Garten
Material: keines
Spielregel: Die Großen (Erwachsenen) fassen sich an den Händen (dachartig) und bilden einen Kreis (Taubenhaus), die Kinder (Tauben) hocken sich in die Kreismitte. Beim Singen des Textes (unten) gehen die Großen rückwärts und vergrößern somit den Kreis, die Abstände zueinander ermöglichen lauter Durchschlupflöcher für die „Tauben", die dort „raus-" und durch den Raum „fliegen". So lange, bis der Liedtext mitteilt, dass das Taubenhaus zugemacht wird. Zum Ende des Liedes müssen wieder alle Täubchen zurück in ihrem Haus sein.
Liedtext, Melodie siehe unten (oder beliebige Melodie, doch immer gleichbleibend)

Taubenhaus *(überliefert)*

Vorschulkind 3–6 Jahre

Zeiteinteilung

Ziele: Wegeinteilung, Taktgefühl, Koordination, Ausdauer, Beweglichkeit, Konzentration, Reaktion, Spaß

Raum: Turnraum

Material: Reifen in der Anzahl der Kinder, Begleitmusik

Spielregel: Die Reifen werden im Raum ausgelegt, jedes Kind stellt sich in seinen Reifen. Zu einem bekannten Musikstück gehen (hüpfen, hopsen, laufen) die Kinder kreuz und quer durch den Raum. Jedoch genau zum Ende des Musikstücks stehen sie wieder in ihrem Reifen.

Schulkind 6–12 Jahre

Besenhockey

Ziele: Zielgenauigkeit, Zusammenspiel, Regeleinhaltung, Konzentration, Ausdauer, Gleichgewicht, Reaktion, Koordination, Beweglichkeit, Kooperation

Raum: Abgegrenztes Feld auf Freispielfläche draußen mit zwei Toren

Material: Rollerblades, Sicherheitsausrüstung, ein Besen für jedes Kind, Ball

Spielregel: Mit dem Besen wird der Ball hockeymäßig ins Tor des Gegners „geschrubbert".

Lernfelder: Siehe auch bei:

- Pädagogik und Psychologie
- Musik und Musikerziehung
- Rechtskunde
- Säuglingspflege
- Sozialkunde und Berufskunde
- Mathemat.-naturwissensch. Erziehung
- Praxis-, Methodenlehre, Medienerziehung
- Ökologie und Gesundheit
- Sozialpädagogische Praxis

5.2 Rhythmik, ein ganzheitlicher Ansatz

Die von vielen Pädagogen und Heilpädagogen praktizierte **Rhythmik** entstand Ende des 19. Jahrhunderts und basiert auf der **Idee der Erziehung durch Musik und Bewegung** des Genfer Musikpädagogen ***Emile Jacques-Dalcroze***. ***Mimi Scheiblauer***, eine seiner Schülerinnen, entwickelte diese Grundidee weiter, um sie vor allem für Kinder im Schul- und Vorschulalter anzuwenden.

Rhythmik entstand im 19. Jahrhundert.

Die Rhythmik arbeitet an ähnlichen Bereichen wie die Psychomotorik (Motorik, Sozialverhalten, Konzentrations- und Wahrnehmungsfähigkeit, eigene Lösungen finden, also an körperlicher und geistiger Beweglichkeit). Doch kommen hier als Rahmen der Handlung Rhythmus und Musik viel mehr ins Spiel. Zudem benutzt die Rhythmik keine Großturngeräte für ihre Bewegungsaufgaben.

Jacques Dalcroze erkannte, dass der Rhythmus erst im Körper empfunden werden muss, bevor er in Musik umgesetzt werden kann, aber auch, dass Rhythmus etwas Natürliches darstellt, das jeder von uns in sich trägt, wie z. B. Atmung, Pulsschlag etc. So wie unser seelisches Empfinden ist, verändert sich dieser Rhythmus. Wir erkennen es z. B. am Tempo unseres schnelleren Atmens oder Pulsschlags bei Aufregung, oder langsameren Rhythmen bei Entspannung.

Schon immer wussten Mütter instinktiv Kleinkinder zu unterhalten, zu beruhigen, zu trösten mithilfe von Sprachreimen, Kosespielen, Fingerspielen oder rhythmischen Kniereitern. Dieser Rhythmus setzt sich im kindlichen Tanzspiel (Ringel-Reihe), später in Abzählversen und Ähnlichem fort.

Rhythmik verbindet Musik und Bewegung.

Die rhythmisch-musikalische Erziehung geht vom ursprünglichen Bewegungsbedürfnis des Kindes und von dessen besonderer Beziehung zu Musik aus. Sie verbindet Bewegung mit Musik durch Aufgaben, die so gestellt werden, dass sie viele eigene Gestaltungswege und Variationen ermöglichen. Die Bewegungsbegleitung geschieht meist durch „handgemachte" Musik (Flöte, Klavier), sodass sich Bewegung und Musik gegenseitig beeinflussen.
Das Ziel der rhythmisch-musikalischen Erziehung ist ein „freier, harmonischer, selbstständiger Mensch, der Initiative und Verantwortungsbewusstsein innerhalb der Gesellschaft entwickelt. So vermittelt die Rhythmik persönlichkeits- und charakterbildende Werte."
(Krimm – von Fischer, 1975, S. 10)

Weitere Ziele der rhythmisch-musikalischen Erziehung zeigen sich vor allem im sozialkompetenten Bereich. Es sind z. B. Kontakt, Einfühlung, Rücksicht, Toleranz und Wahrnehmung (Sinnesübungen), aber auch Selbstwertgefühl, Selbstständigkeit, Verantwortung und Selbstkontrolle. Hierbei arbeitet die Rhythmik **vom Ich zum Du zum Wir** (Einzel-, Partner- und Gruppenaufgabe).

Bewegung und Musik beeinflussen sich bei der rhythmisch-musikalischen Erziehung gegenseitig.

5.2.1 Bewegungen zu rhythmischer Begleitung

Beispiele zu Einzelübungen

Kleinkind 1–3 Jahre

Geräuschquellen entdecken

Ziele: Richtungshören, Raumorientierung, Konzentration, Reaktion, ganz leise sein können

Raum: freier Nebenraum

Material: Rhythmusinstrument (Rassel, Triangel, Klapper etc.

Spielregel: Die Kinder sitzen im Kreis, ein Kind in der Kreismitte. Die Gruppe muss ganz leise sein. Die Erzieherin gibt einem Kind im Kreis das Instrument, dieses betätigt es als Geräuschquelle. Das Kind in der Mitte versucht mit verschlossenen Augen auf die Geräuschquelle zuzukrabbeln. Nach Gelingen der Aufgabe kommt das nächste Kind an die Reihe, so lange, bis alle dran waren.

Variation: Ein tickender Wecker geht hinter dem Rücken der Kinder im Kreis langsam herum, wo befindet er sich gerade? Bei Auffinden des Weckers kommt das nächste Kind in den Kreis.

Häschen in der Grube

Ziele: Rhythmusempfinden, Musik und Bewegung, Reaktion, Geborgenheit, Gruppenzugehörigkeit, Spaß

Raum: freier Nebenraum

Material: keines

Spielregel: Kreis, alle fassen sich an den Händen. Die Gruppe singt zusammen den Text, während sie im Kreis in eine Richtung geht. Ein oder mehrere Kinder sitzen im Kreis, bei „Häschen hüpf …" hüpfen die Kinder aus dem Kreis und im Raum umher. Danach werden die Rollen getauscht, sodass alle drankommen.

Häschen in der Grube *(überliefert)*

Vorschulkind 3–6 Jahre

Klangdauer

Ziele: Wahrnehmung, Konzentration, Stille
Raum: Gruppenraum, Nebenraum, Musikraum
Material: Rhythmikinstrument (z. B. Becken)
Spielregel: Ein Instrument wird angeschlagen, die Kinder sollten so lange ihre Augen geschlossen halten, bis sie keinen Ton mehr hören.
Variationen: Verschiedene Instrumente und Klänge hierzu sowie verschiedene Umsetzungs- oder Bewegungsaufgaben erarbeiten.

Schulkind 6–12 Jahre

Kontraste

Ziele: Genaues Hinhören und in Bewegung umsetzen, Konzentration, Reaktion, Koordination
Raum: freier Nebenraum, Turnraum, Musikraum
Material: einfaches Musikinstrument (Flöte, Xylophon etc.)
Spielregel: Die Erzieherin spielt eine spontane Melodie, doch mit hörbaren Unterschieden. Die Kinder versuchen das Gehörte in Bewegung umzusetzen (hoch, tief, langsam, schnell, laut, leise etc.)

Beispiele zu Partnerübungen

Kleinkind 1–3 Jahre

Wo ist was?

Ziele: Namen der Körperteile erfassen, Beweglichkeit, Konzentration, Wahrnehmung
Raum: beliebig
Material: keines
Spielregel: Lange, bevor Kinder die Namen der verschiedenen Körperteile aussprechen können, können sie darauf deuten. Dies nutzen wir für folgende Körperspiele:
Der große Spieler sitzt dem kleinen gegenüber. Langsam erwähnt er rhythmisch betont, gewisse Körperteile bei sich zu berühren, das Kleinkind soll dies am eigenen Körper nachmachen: „Meine Hand streichelt meinen Bauch, mein Mund begrüßt meinen Zeh" usw.

Vorschulkind 3–6 Jahre

Scharnierverbindung

Ziele: Führen und Folgen, Konzentration, Wahrnehmung
Raum: freier Nebenraum, Musikraum, Turnraum
Material: Bälle, beschwingte Begleitmusik
Spielregel: Ein Kind bewegt sich mit einem Ball in der Hand zu Musik, der Partner berührt auch stets den Ball und passt sich den Bewegungen des Führenden an.
Variation: Andere Gegenstände, andere Bewegungsaufgaben, wechselnde Führung, bestimmte Aufgaben zu bestimmten Musikabschnitten.

Schulkind 6–12 Jahre

Blindenführung

Ziele: Wahrnehmung, Verantwortung, Rücksichtnahme, Bewegung, Reaktion, Konzentration
Raum: freier Nebenraum, Turnraum, Musikraum
Material: verschiedene Rhythmikinstrumente, die sich gut voneinander unterscheiden lassen (z. B. Trommel, Rassel, Schellen, Triangel, Klapper)
Spielregel: Die Kinder bilden Zweiergruppen. Eines der beiden Kinder erhält eines der Instrumente, das andere Kind schließt die Augen. Der Instrumentenmusiker lotst nun seinen „blinden" Partner mithilfe seines Instruments sicher durch den Raum, was gar nicht so leicht ist, weil ja all die anderen Zweiergruppen mit ihren Instrumenten das Gleiche tun. Nach einiger Zeit erfolgt ein Rollenwechsel.

Beispiele zu Gruppenübung

Kleinkind 1–3 Jahre

Gemeinsames Fingerspiel mit Bewegungen
Thema Fasching

Ziele:
Raum: beliebig, Stuhlkreis
Material: keines
Spielregel: Zuerst wird die offene Hand mit gestreckten Fingern gezeigt, dann beim rhythmischen Sprechen wird der genannte Finger gezeigt, die entsprechenden Bewegungen mit den Fingern gemacht. Wer kann, spricht den Text bereits mit.
Text: Der Daumen kommt als Schneemann an, der Zeigefinger als Jägersmann. Die beiden tanzen froh und munter, einmal rauf und einmal runter. Der Mittelfinger kommt als Clown daher, der Ringfinger ist ein Pummelbär. Vier Narren tanzen froh und munter, einmal rauf und einmal runter. Da kommt herab vom Berg, zum Schluss der liebe Zwerg. Fünf Narren tanzen froh und munter, einmal rauf und einmal runter.

Vorschulkind 3– 6 Jahre

Luftballon
Ziele: Bewegungsfreude, Reaktion, Einfühlen in Rollen
Raum: freier Nebenraum, Musikraum, Turnraum
Material: Flöte
Spielregel: Die Kinder bewegen sich zu Flötenspiel im Raum mit der Vorstellung, ein Luftballon zu sein. Wenn den Ballonen die Luft ausgeht (entsprechend der Musik) sinken sie zusammensackend zu Boden, bis wieder Luft nachgepumpt wird.
Variation: Der Ballon erlebt unterwegs verschiedene Situationen, die durch Bewegung und Musik nachvollzogen werden.

Schulkind 6–12 Jahre

Formen und Klänge
Ziele: Raumerfahrung, mathematische Grundformen, Konzentration, Reaktion, Bewegungsformen zu Musik
Raum: freier Nebenraum, Turnraum, auf dem Boden wurden mit Tesakrepp je ein großes Dreieck, Quadrat, Kreis markiert
Material: Tesakrepp, Rhythmusinstrumente rund, dreieckig, quadratisch, z.B. Handtrommel, Triangel, Holzblock, Begleitmusik (Kinderlieder)
Spielregel: Die Grundform der Instrumente und der Bodenfelder wird kurz miteinander besprochen.

Zum Rhythmus des Kinderliedes gehen, federn, hüpfen, laufen und springen alle wieder kreuz und quer vorwärts, rückwärts, seitwärts usw. durch den Raum. Es darf jedoch kein anderes Kind dabei berührt werden, die markierten Felder dürfen nicht betreten werden. Zum Ende des Liedes wird eines der Instrumente angeschlagen. Nun müssen sich die Kinder möglichst schnell im entsprechend markierten Bereich als Gruppe einfinden, bis wieder der nächste Durchgang folgt.
Variation: Die Instrumente können auch jederzeit während des Liedes erklingen.

Lernfelder: Siehe auch bei:
- Pädagogik und Psychologie
- Praxis-, Methodenlehre, Medienerziehung
- Sozialpädagogische Praxis
- Musik und Musikerziehung

5.2.2 Bewegungsspiele zu Liedern und Geschichten

Die altbekannten Kreis-, Klatsch- und Tanzspiele fördern das Zusammenspiel von Bewegung, Sprache und Rhythmus. Bewegungsform und Bewegungsrichtung sind wichtige Schwerpunkte. Die Kinder bewegen sich vorwärts, rückwärts, seitwärts usw., dies geschieht im Kreis, in der Schlange, oder in der Reihe.
So findet ein Training der räumlichen Wahrnehmung statt. Räumliche Wahrnehmung brauchen Kinder u.a. später wieder beim Lesen und Schreiben, denn dann ist es wichtig, schnell erfassen zu können, ob sich etwas rechts oben oder links unten befindet (z.B. der Strich bei d oder p), damit man die daraus erfolgenden Aufgaben lösen kann.

Räumliche Wahrnehmung ist wichtig für Lesen und Schreiben.

Mit den Kleinsten werden die Bewegungen in der Regel durch gemeinsames Singen der Lieder begleitet. Oft müssen die Kleinen dabei noch mitgetragen werden. Doch sie genießen dabei die Verbindung von Rhythmus, Singen und Bewegungen, wie auch das Gefühl von Zugehörigkeit und Geborgenheit, das die Kreisform jedem Mittänzer vermittelt. Der Rhythmus der Sprache wird ins Klatschen und bald danach auch in die Fortbewegung übertragen.
Bald kann mit einfachen Rhythmusinstrumenten gearbeitet werden, bis schließlich eine bewegte Klanggeschichte zusammen mit den Kindern entstehen kann.

Beispiele für Bewegung zu Liedern und Geschichten

Kleinkind 1–3 Jahre

Ziehharmonika

Ziele: Rhythmus, Singen und Bewegung, Wahrnehmung, Koordination, Zusammengehörigkeit, Spaß
Raum: freier Nebenraum oder Turnraum
Material: keines
Spielregel: Die Gruppe fasst sich zu einem weiten Kreis, beim Liedtext geht sie zusammen (Kreis wird eng), und wieder auseinander (Kreis wird wieder weit).

Text:	*Bewegung dazu:*
Ich hab' eine Ziehharmonika	*Rhythmische Schritte zur Kreismitte*
Tschinterrassa, tschinterrassa	*Schritte rückwärts zur Ausgangsposition*
Bumm, bumm, bumm,	*Stampfen auf der Stelle*
(Wiederholung bisher)	
Sie spielt uns immer wieder	*Seitwärtsschritte im Kreis nach links*
die allerschönsten Lieder zurück	*Seitwärtsschritte im Kreis nach rechts*
(Wiederholung der ersten drei Zeilen)	

Ziehharmonika *(überliefert)*

Tempoveränderung

Tempoveränderungen sind die einfachste Form von Rhythmisierung. Mit diesem Reim kann dies umgesetzt werden (Temposteigerung in Sprache und Bewegung)
Die Teilnehmer fassen sich alle in der Kreismitte und drehen sich zusammen, während sie den Vers aufsagen.
Das Karussell fährt langsam an, das Karussell fährt langsam an,
immer schneller geht es dann, immer schneller geht es dann,
bis es nicht mehr schneller geht, bis es nicht mehr schneller geht, und dann steht

Vorschulkind 3–6 Jahre

Ziehet durch die gold'ne Brücke

Ziele: Rhythmus, Singen und Bewegung, Wahrnehmung, Koordination, Reaktion, Rücksichtnahme, Aufmerksamkeit, Zusammengehörigkeit, Spaß

Raum: freier Nebenraum, Turnraum

Material: keines

Spielregel: Zwei Kinder fassen sich jeweils nebeneinander an den Händen, sie gehen zur Musik dem zuvor gehenden Paar hinterher. Das jeweils erste Paar in der Reihe bildet durch seine Handfassung ein Tor, durch das alle anderen gehen, um sich dann wieder am Ende der Schlange anzufügen.

Text:

Ziehet durch, ziehet durch
durch die gold'ne Brücke
Sie ist entzwei, sie ist entzwei
wir woll´n sie wieder flicken
womit denn? Womit denn?
Mit einerlei, mit zweierlei,
der Letzte soll gefangen sein.
(Nun beginnt das Ganze wieder von vorne.)

Bewegung dazu:

Das erste Paar geht durch das Tor und stellt sich hinten wieder in die Reihe.

Das Paar, das gerade beim Ende des Liedes durch das Tor kommt, wird mit den Armen „des Tores" eingefangen.

Die goldene Brücke *(überliefert)*

Teddybär

(traditionell aus dem Englischen)
Teddybär, Teddybär, dreh dich um,
Teddybär, Teddybär, mach dich krumm,
Teddybär, Teddybär, zeig den Fuß,
Teddybär, Teddybär, mach 'nen Gruß,

Original:
Teddybear, Teddybear, turn around,
Teddybear, Teddybear, touch the ground,
Teddybear, Teddybear, touch your toes,
Teddybear, Teddybear, touch your nose.

Während des Singens dieses Textes werden die entsprechenden Bewegungen mitgemacht. Vielleicht kann man das Ganze dann auch einmal in Englisch versuchen (Achtung, es sind nicht ganz die gleichen Bewegungen).

Teddybär, Teddybär *(überliefert)*

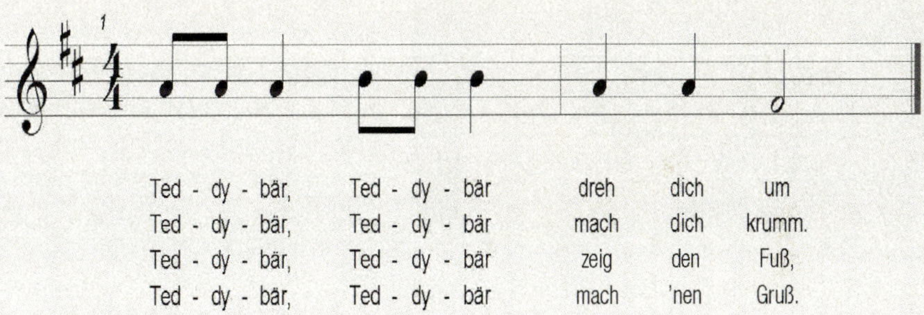

Schulkind 6–12 Jahre

Twist

Ziele: Bewegung zu Rhythmus und Musik, Konzentration, Koordination, Reaktion
Raum: freier Nebenraum, Turnraum
Material: Musikstück „Surfin' USA" (Beach Boys)
Spielregel: Die Twistbewegungen werden kurz ausprobiert. Dann wird mit diesen Grundbewegungen durch den Raum „gesurft".
Dabei ist es wichtig, dass man schnell durch den Raum vorwärts kommt, dass man keine Unfälle oder Zusammenstöße baut, dass man das imaginäre Segel gut hält, dreht und nutzt, dass man mit einem Fuß stets guten Kontakt zum eigenen Brett hat. Weil das Wasser kalt ist, muss man dabei immer wieder mal einen Fuß während der Bewegung hochheben. Weil der Wind aus vielen Richtungen weht, wechseln auch die eigenen Richtungen usw.
Variationen:
- Einige Kinder (wechselnd) stellen in der Raummitte verschiedene Bewegungen vor, die anderen machen sie nach.
- Zu zweit auf dem imaginären Surfbrett vorwärts bewegen.
- Um und über aufgestellte Hindernisse surfen.

Lernfelder: Siehe auch bei:
- Musik und Musikerziehung
- Praxis-, Methoden, Medienerziehung
- Sozialpädagogische Praxis
- Pädagogik und Psychologie

5.2.3 Führen und Folgen

Unser ganzes Leben ist von Gegensätzen bestimmt: hell und dunkel, weich und rau, Geben und Nehmen, Durchsetzen und Anpassen usw. So hat sich die Rhythmik das Thema „Führen und Folgen" zu einem ihrer wichtigen Übungsaufgaben gewählt. Diese Aufgaben sind in Zusammenhang von Musik und Bewegung sehr gut durchzuführen. Mit den gestellten Aufgaben finden sich die Teilnehmer stets zwischen den beiden Polen, empfindsam müssen sie so damit umgehen, dass die Bewegungsführung fast nahtlos, unmerklich zwischen den Partnern wechselt.

Führen und geführt werden, beide Pole wechseln stets und fast unmerklich.

Beispiel für Aufgaben zu Führen und Folgen

Kleinkind 1–3 Jahre

Verbindungsreifen

Ziele: Konzentration, auf den Anderen einstellen, Reaktion, Beweglichkeit

Raum: freier Nebenraum, Turnraum

Material: 1 Gymnastikreifen pro Kinderpaar, Teppichfliesen als Hindernisse

Spielregel: Beide Kinder fassen den Reifen horizontal. Sie bewegen sich gemeinsam so um die aufgestellten Hindernisse.

Vorschulkind 3–6 Jahre

Zeitlupenlauf

Material: keines

Spielregel: Die Kinder bewegen sich alle mit der gleichen Bewegung im Zeitlupentempo, plötzlich wechselt ein Kind die Bewegung. Alle machen schnell das Gleiche.

Schulkind 6–12 Jahre

Synchronparcours
Ziele: Einfühlungsvermögen, Konzentration, Beweglichkeit, Reaktion, Koordination, Kooperation, Geduld
Raum: Turnraum
Material: zwei Mal der gleiche Parcours aus verschiedenen Großgeräten nebeneinander (spiegelbildlich)
Spielregel: Zwei Partner sollen nebeneinander genau das Gleiche machen, wie in einem Spiegel, möglichst zur gleichen Zeit. Die Ideeneingabe und damit die Führung wechseln stets. Sprachliche Kommunikation ist nicht erlaubt. Die anderen Kinder sehen genau zu. Nach dem Durchgang kommt das nächste Paar dran.
(Diese Aufgabe ist sehr schwierig, weil sie erfordert, auf den anderen zu warten und weil bedacht werden muss, ob der andere all die Bewegungen auch so machen kann, wie man selber es tun will)

Lernfelder: Siehe auch bei:

- Musik- und Musikerziehung
- Ökologie und Gesundheit
- Sozialpädagogische Praxis
- Pädagogik und Psychologie
- Praxis-, Methodenlehre, Medienerziehung

5.3 Tanzen mit Kindern

Tanz stellt eine der elementarsten Lebensäußerungen für uns Menschen dar. In anderen Kulturen, die noch näher mit ihren ursprünglichen Empfindungen leben, gehört der Tanz zu ganzkörperlicher Kommunikation und ist Ausdruck von Emotionen wie Freude, Wut, Angst und Trauer. So werden Festtage, persönliche Ereignisse, aber auch Kampf in Tänzen gezeigt und verarbeitet.

In unserem Kulturkreis ist es längst nicht mehr so, doch Kinder haben die ursprüngliche Ausdrucksweise in Verbindung mit Musik noch in sich. Kleinkinder, die gerade mal stehen können, wippen bei Musik rhythmisch mit ihrem Körper. Oft gerät dies schnell in Vergessenheit oder wird „aberzogen", da es in unserer Kultur nicht praktiziert wird.

Im Tanz lassen sich tiefgründige Empfindungen ausdrücken.

Wenn wir uns jedoch darauf einlassen, erfassen Tanz und Musik den ganzen Menschen mit Geist, Gefühl und Körper. Tanz animiert zu Bewegung, gibt uns ein besseres Empfinden für Haltung, macht weich und beweglich, fördert Rhythmusgefühl, räumliche Orientierung, Koordination und Kooperation mit Anderen, Gemeinschaftsempfinden, Kraft, Konzentration, optische wie akustische Wahrnehmung, Ausdauer, Kreativität, Anpassung und vieles mehr.

Tanzen soll Wohlbefinden, Zugehörigkeit und Geborgenheit vermitteln.

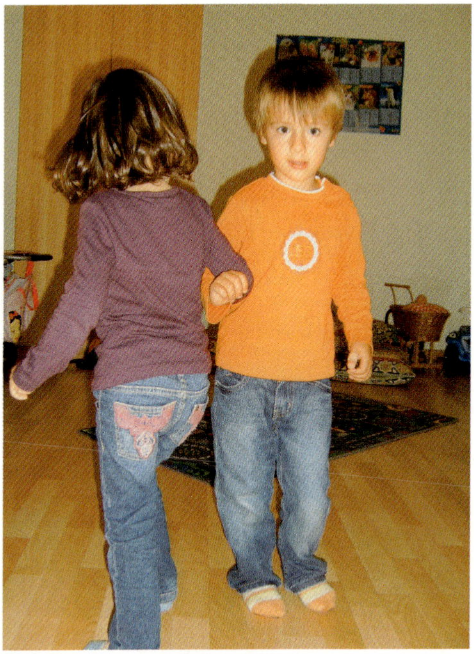

Es sollte in der Regel weniger um perfekte und vorzeigbare Ergebnisse, als vielmehr um Freude, Gemeinschaft und Spaß an der Bewegung zu Musik gehen.

In der Arbeit mit Kindern bieten sich verschiedene Formationen und Tanzrichtungen an:

- Freies Tanzen nach Rhythmus, Gehör und Fantasie
- Festgelegte Form, Schritte und Bewegungen bei traditionellen Kindertänzen, Volkstänzen, Tänzen aus aller Welt
- Modernere Tanzformen wie Twist, Rock´n Roll, Hip Hop

Beim freien Tanz legen wir pfiffige altersgemäße Musik auf, lassen die Kinder selber das Gehörte nach ihrem Geschmack in Bewegung umsetzen. Sie werden sehen, dass die Kinder dies schnell erfassen und voneinander Bewegungsvarianten abschauen.

Um die Kinder anzuregen ist es wichtig, dass wir selber den Charakter des Musikstückes erfassen und in Bewegungen umsetzen können. Nur so können wir auch (Vorbildwirkung) die Fantasie und Bewegungen der Kinder indirekt animieren.

Luftballone, wie auch Chiffontücher animieren mit Musik zu Bewegung.

Als weitere Animation können in die Bewegung während des Tanzes Luftballons einbezogen werden. Wie wir bei der Rhythmik bereits feststellten, ist es wichtig, dass der Rhythmus erst im Körper ankommt, empfunden und aufgenommen wird. Deshalb beginnen wir ursprünglich mit rhythmischem Sprechen und Klatschen, um dann freien Tanz, später festgelegte Tanzformen zu erlernen.

Kleinkind 1–3 Jahre

Rhythmusklatschen

Ziele: Erkennen und Spüren von Rhythmus, Konzentration, Koordination, Reaktion
Raum: freier Nebenraum, Stuhlkreis, Turnraum
Material: Stühle oder Bodenkissen
Spielanleitung: Eigenen **Namen durch Silbenklatschen** rhythmisch erarbeiten
Der Name jedes Kindes wird gemeinsam rhythmisch gesprochen und geklatscht: Pe-ter, Si-mo-ne, Ka-ro-li-ne. Kannst du deinen Namen jetzt auch mal *ganz laut, ganz leise, schnell, langsam klatschen, kannst du auch schon den Namen deiner Freundin oder deines Freundes klatschen?*
Diese Technik kann auch für die Vermittlung von Tonwerten verwendet werden: Nun klatschen wir Namen von verschiedenen Dingen: Pup-pe, Ted-dy-bär, Stuhl, Maus, Kat-ze, E-le-fant ...

Nun können die ersten Tanzerfahrungen zu vorgegebener Musik oder zum selber begleiteten Singen gemacht werden.

Es können auch Tanzschritte und Bewegungen zu jedem beliebigen Kinderlied oder zu rhythmisch klar strukturierter Musik selber erdacht werden, um sie danach mit der Kindergruppe zu lernen und zu üben.

Tschü-Tschü-Tschü die Eisenbahn

Die Erzieherin fängt an, die einzelnen Kinder werden beim Namen aufgerufen mitzufahren, sie hängen sich dann am Ende der Schlange an.

Tschü-Tschü-Tschü die Eisenbahn (überliefert)

Vorschulkind 3–6 Jahre

Tanzanleitung freies Tanzen

Ziele: Rhythmus, Ausdruck, Reaktion, Anpassung, Koordination, Wahrnehmung, Konzentration

Raum: freier Nebenraum, Turnraum

Material: Bewegungsmusik, Kindermusik

- Während die Musik läuft, tanzen, springen und hüpfen alle passend zur Musik durch den Raum. Stoppt die Musik, verharren alle wie vereist in der Bewegung. Es ist lustig anzusehen, in welchen Positionen manche jetzt sind. Nun geht es wieder weiter.
- Während die Musik läuft, tanzt jeder mit einem Partner durch den Raum, bei Musikstopp wird ganz schnell der Partner gewechselt, dann geht es wieder weiter.
- Alle stehen im Kreis, jeder merkt sich seine Nachbarn. Während die Musik läuft, tanzt jeder für sich durch den Raum, bei Musikstopp stehen alle wieder schnell im Kreis, aber genau an der Stelle wie zuvor, neben genau den gleichen Nachbarn.

Jingle bells (aus dem Englischen, bekannte Melodie, Kreis, Handfassung aller)

Schlittenlied

Den Schlitten zieht mein Pferd	*vier Schritte zur Kreismitte*
durch Wald und Feld im Schnee	*vier Schritte zurück*
wir lachen unbeschwert	*vier Schritte zur Kreismitte*
und singen hoh und heh	*vier Schritte zurück*
die Glöckchen klingen hell	*der ganze Kreis läuft acht*
wenn man am Zügel zieht	*Schritte nach rechts*
wir fahren, welch ein Spaß so schnell	*der Kreis läuft acht Schritte links*
mit unser´m Schlittenlied	*schnell stellen sich je zwei gegenüber*
klingeling, klingeling	*Klatsch 3x in eigene Hände, 3x in Partners H.*
klingt´s in Wald und Feld	*klatsch 3x eigene Hände, 1x in Partners H.*
welch ein Spaß ist Schlittenfahren	*Arme einhaken und drehen im Kreis*
durch die weiße Welt, hey …	
klingeling …	*Wiederholung*

Schlittenlied *(Melodie: aus den USA/Pierpont, John; Text: Holzmeister, Lieselotte; Rechte: Fidula Verlag, Boppard/Rhein)*

Schulkind 6 – 12 Jahre

Tanzanleitung: Tanzspiele zu freiem Tanz

Ziele: Rhythmus, Reaktion, Kooperation, Aufmerksamkeit, Beweglichkeit, Ausdauer, Gemeinsamkeit, Spaß

Raum: Turnraum

Material: Tanzmusik, Luftballons, ein alter Hut,

Luftballontanz

Zwei Partner tanzen zusammen, sie bekommen einen Luftballon zwischen die beiden Bäuche, dieser darf nie verloren gehen und nicht mit den Händen gehalten werden.

Schlapphut:

Während dem Tanz geht ein alter Hut herum, jeder versucht ihn, schnellstmöglich einem anderen aufzusetzen. Bei Musikstopp muss der Hutträger neue Bewegungen für die nächste Runde vorzeigen bzw. vorschlagen.

Zahlen:
Während des Tanzes ruft der Leiter eine Zahl, z. B. fünf. Schnell müssen sich alle Kinder zu Fünfergruppen zusammenfinden. Die unvollständigen Gruppen tanzen von nun an allein, laufen und hopsen zwischen den Gruppen. Dies geht so lange, bis keine Gruppenbildung mehr möglich ist.

Tanzanleitung: Topfit
Ziele: Reaktion, Kooperation, Koordination, Konzentration, Gemeinschaft, Spaß, bloß nicht aus dem Rhythmus kommen!
Raum: freier Nebenraum
Material: Stuhlkreis, temperamentvolle Musik in geradem Takt

Takt 1–8	*lautes Trampeln mit den Füßen Hände klatschen dazu auf die Oberschenkel*
Takt 9–16	*Einer im Kreis beginnt, eine einfache Bewegung dazu im Sitzen vorzumachen, alle machen dies nach, dann ruft der Vormacher einen aus der Gruppe beim Namen, dies ist der neue Vormacher, doch erst ab dem nächsten Takt 9–16.*

Lernfelder: Siehe auch bei:
- Musik- und Musikerziehung
- Pädagogik und Psychologie
- Sozialpädagogische Praxis
- Praxis-, Methodenlehre, Medienerziehung
- Ökologie und Gesundheit

5.4 Erlebnisturnen und Bewegungsgeschichten

Kinder haben noch die Fähigkeit, mit ihrem ganzen Denken und Empfinden in andere Welten, Geschichten und Märchen einzutauchen. So werden Bewegungsgeschichten, die dem gewählten Thema angepasst sind, als spannend und nachvollziehbar erlebt.

Erlebnisturnen hebt sich von „diszipliniertem" Sport und gymnastischen Übungen ab, indem nicht die Übung, sondern die Aufgabe vorgegeben wird. Die Kinder werden also kreativ zur eigenen Bewältigung der Aufgabe ermuntert. Z. B. wenn sie in der Geschichte über einen Graben springen wollen ist es nicht entscheidend, mit welchem Bein sie abspringen, sondern vielmehr dass sie es schaffen, auf die andere Seite heil hinüberzukommen.

Beim Erlebnisturnen sollten Kinder als aktiver Anteil die Geschichte miterleben und mitgestalten.

Erlebnisturnen bedeutet, die Inhalte und deren Vermittlung so attraktiv zu gestalten, dass die Teilnehmer vom Alltag abgehobene Erfahrungen machen und dass als kurz- oder langfristige Wirkung deutliche Erinnerungen an eine oder mehrere Begebenheiten der Stunde bleiben. Vorrangig wird ein Turnraum mit allen Geräten und Möglichkeiten für dieses Angebot genutzt. Zu den klassischen Sportgeräten wird alles organisiert und benutzt, was sinnvoll erscheint und dem Erleben der Kinder dient.

Eine vorbereitete spannende Geschichte wird während des Erzählens von den Kindern erlebt und mitgespielt.

Wir nutzen hier die Tatsache, dass Kinder sehr motiviert sind, eine interessante Geschichte zu erleben und zu Ende zu spielen. So bleibt die Konzentration bis zum Schluss erhalten. Es bieten sich auch viele Möglichkeiten, uns wichtig erscheinende Erlebnisse mit den Kindern zu verarbeiten.

Geplante Übungsaufgaben werden in die Geschichte eingebaut.

Unterschiedliche Spiel-, Übungs- und Bewegungsaufgaben können in den verschiedenen Zonen des Raumes, kindgemäß verpackt, so angeboten werden, dass jedem Einzelnen, ermöglicht wird, nach seinem persönlichen Entwicklungsniveau die Stationen ohne Bewertung zu lösen.

Kinder genießen die Möglichkeit, die gestellten Aufgaben frei zu probieren und an den einbezogenen Geräten und Materialien ihre Fähigkeiten und Fertigkeiten zu üben.

Körpernahe Übungen (Kuschelhöhlen, Kriechtunnel etc.), die in die Geschichte integriert wurden, ermöglichen zudem positiv empfundene Erlebnisse mit starker Körperwahrnehmung und einer angenehm erlebten Gruppenzugehörigkeit.

Neben motorischen und sozialen Kompetenzen werden Denk- und Planungsfähigkeit, Handlungskompetenz, Kreativität und das Vorstellungsvermögen angesprochen.

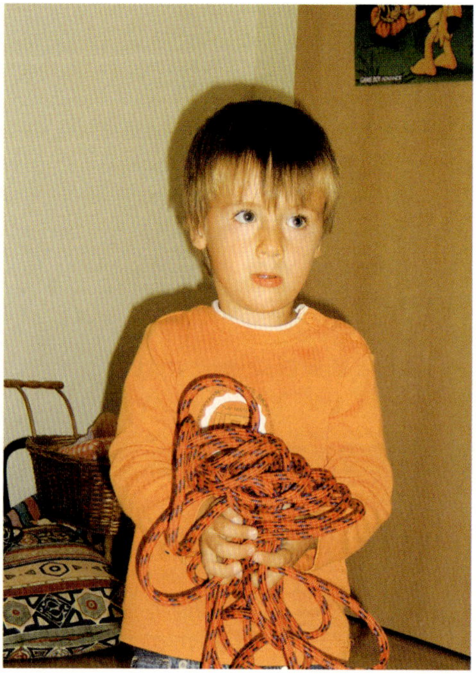

Diese echten Erlebnisse sind mehr als Ersatz für pädagogisch unerwünschten, übermäßigen Fernseh- und Computerkonsum, denn ein mit allen Körpersinnen erlebtes Abenteuer bedeutet mehr, als Anderen bei deren Erlebnissen zuzusehen. Somit ist diese Art von Erfahrung vollwertige Suchtvorbeugung.

Bei dieser Art von Erlebnissen soll die Abenteuerlust der Kinder mit allen Sinnen befriedigt werden.

- Das wichtigste Merkmal einer erfolgreichen Erlebnisturnstunde ist eine möglichst spannende und fantasievolle Geschichte.
- Die Kinder sollten mit den Stationen und Aufgaben weder unter- noch überfordert werden.
- Kinder sollten die Übungen auf ihre Weise alle selbstständig bewältigen und ausführen können.
- Geschichte und Aufgaben sollten die Gemeinschaft fördern, jeder Einzelne kann seine Fähigkeiten einbringen.
- Es sind möglichst viele Sinne anzusprechen. Musikalische, rhythmische, tänzerische Elemente können genauso zum Inhalt gehören, wie Aufgaben zum Nachdenken und zum Lösen.
- Freude, Spannung, Erfindungslust, Nachahmung können und sollen miteinbezogen werden.
- Sportgeräte können traditionell, kombiniert oder verfremdet genauso eingesetzt werden wie Materialien aus dem alltäglichen Leben.
- Der Bedarf der Kinder an Abenteuer, Spannung und Bewegungsdrang soll in der Geschichte bedacht und befriedigt werden.
- Ganzkörperlicher Einsatz wird im Spielerlebnis gefordert (Mut beweisen, Sinne einsetzen, Verantwortung für sich und andere übernehmen).

Als Inhalte, Ziele und Schwerpunkte der Stunden bieten sich an:

- Förderung der Kreativität
- Kraft und Kondition
- Reaktionsvermögen
- Auge-Hand-Koordination

- Abbau von Ängsten
- Erleben und Erkennen eigener Fähigkeiten und Grenzen
- Kooperationsfähigkeit, Sozialverhalten, Gemeinschaft, Vertrauen, Offenheit, Einigkeit, Zusammenhalt, Hilfsbereitschaft, Akzeptanz
- Sensibilisierung der Wahrnehmung
- Flexibler Umgang mit Rollen und Normen
- Lösungsmöglichkeiten durch Fantasie, Kreativität, Erinnerung, Gruppe
- Selbstwertgefühl, Selbstbewusstsein
- Gleichgewicht
- Raumorientierung
- Regeln anerkennen und einhalten

Attraktive und grundlegende Bewegungsthemen für die kindliche Entwicklung und Förderung bis zum Ende des Grundschulalters sind:

- schwingen, schaukeln, wiegen und wippen
- rutschen, fahren und gefahren werden
- steigen, klettern und erklimmen
- springen, hüpfen und toben
- Balancier- und Gleichgewichtsaufgaben

Es gilt also, möglichst viele dieser Bewegungsmöglichkeiten in die angebotene Geschichte für die Kinder einzubauen.

Es ist nahezu jedes Thema, das man Kindern näherbringen möchte, möglich, indem man die Erfahrungen erlebbar macht und in Bewegung umsetzt.

Viele interessante und aktuelle Themen können so im Turnraum bearbeitet werden.

Mögliche Gestaltungs- und Spielideen und Themen für eine Stunde sind:

- Andere Länder, Kulturen
- Schatzsuche (evtl. mit Aufgaben)
- Karussell, Jahrmarkt
- Meeresbewohner
- Selbst gebaute Fahrzeuge
- Herstellung, Berufe
- Höhlenforscher
- Welten, Kontinente, Zeiten
- Labyrinth
- Zirkus
- Maschinen
- Geräte
- Märchen
- Gewässer
- Weltraum
- Dschungel

Hilfreiche Alltagsmaterialien hierzu:

Schaumgummiisolierungsrohre, Konservendosen (ohne Schneiderand), Wäscheklammern, Joghurtbecher, Fliegenklatschen, Schachteln, Betttücher, Bettwäsche, Decken, Schwämme, Eimer, Luftballons, Tücher, Zeitungen, Bücher, Hüte, Bierdeckel, Kissen und vieles mehr.

Jedes erdenkliche Material ist erlaubt und sinnvoll, wenn es sauber ist und keine Verletzungsgefahr in sich birgt.

***Aufgabe** für eine Arbeitsgruppe:*

1. *Erfinden Sie eine spannende Wintergeschichte, in der folgende Bewegungsaufgaben für Kinder vorkommen:*
   - *Wir arbeiten uns durch tief hängende, schneebedeckte Äste und Zweige*
   - *Wir erklimmen einen rutschigen Berg*
   - *Wir rutschen oder rollen wieder vom Berg herunter*

   oder:
   - *Wir möchten zum Schlittschuhlaufen (ggf. Skifahren, Langlaufen auf Skiern) gehen.*
   - *Unterwegs waten wir durch den tiefen Schnee*
   - *Wir müssen dabei einen Fluss überqueren, was sich als nicht ganz einfach zeigt.*

   oder:
   - *Wir machen eine gemeinsame Fahrt mit dem Pferdeschlitten*
   - *Danach fahren wir mit dem Sessellift auf einen Berg*
   - *Nun fährt jeder mit seinem Schlitten wieder herunter*
   - *Am Schluss gibt´s eine Schneeballschlacht*

2. *Planen Sie hierfür mögliche Bewegungsarrangements, die Sie im Turnraum aufbauen können.*
3. *Überlegen und notieren Sie, welche Materialien Sie ggf. zusätzlich organisieren und mitbringen müssen.*

***Erfinden** und erarbeiten Sie noch eigene Ideen und Aufgaben für andere Jahreszeiten oder Ereignisse.*

Notwendige Materialien sollen notiert werden, damit alles bereit ist.

Bewegungsgeschichte für Kleinkinder

Viele Bilderbuchgeschichten, die den Kindern bereits vorgetragen wurden, lassen sich wunderbar zu spannenden Bewegungsgeschichten ausarbeiten. Hier ein Beispiel:

Die Raupe Nimmersatt

Ziele: Konzentration, Fantasie, Beweglichkeit, Koordination, Reaktion
Raum: Turnraum
Material: Kriechtunnel, fünf Reifen mit Ständer, Langbank, Schwungtuch auf der Weichbodenmatte, bunte Chiffontücher, Turnmatten, kleiner Turnkasten, mehrere kleine weiche Bälle, klassische Musik

Spielidee:

Text:	**Spielhandlung:**
„Nachts im Mondschein, lag auf einem Blatt ein kleines Ei.	*In der Hocke kauern und „schlafen"*
Und als an einem schönen Sonntagmorgen die Sonne aufging, hell und warm, da schlüpfte aus dem Ei – knack – eine kleine hungrige Raupe.	*sich strecken, Arme ausbreiten, durch den Raum laufen durch den Raum hüpfen*
Sie machte sich auf den Weg, um Futter zu suchen.	*durch den Raum krabbeln*
Am Montag fraß sie sich durch einen Apfel, aber satt war sie noch immer nicht.	*durch den Kriechtunnel krabbeln*
Am Dienstag fraß sie sich durch zwei Birnen, aber satt war sie noch immer nicht.	*durch die Langbank hin und zurück schlüpfen*
Am Mittwoch fraß sie sich durch drei Pflaumen, aber satt war sie noch immer nicht.	*(drei) Kinder finden sich zusammen, fassen sich an Händen drehen sich*
Am Donnerstag fraß sie sich durch vier Erdbeeren, aber satt war sie noch immer nicht.	*(viermal) rollen in der Längsachse auf der Matte*

Am Freitag fraß sie sich durch fünf Apfelsinen, aber satt war sie noch immer nicht.	*durch fünf aufgestellte Reifen steigen, bzw. krabbeln*
Am Sonnabend fraß sie sich durch ein Stück Schokoladenkuchen, eine Eiswaffel, eine saure Gurke, eine Scheibe Käse, ein Stück Wurst, einen Lolli, ein Stück Früchtebrot, ein Würstchen, ein Törtchen und ein Stück Melone.	*mehrere kleine weiche Bälle aus der Kiste in den umgedreht aufgestellten kleinen Kasten werfen*
An diesem Abend hatte sie Bauchschmerzen! Der nächste Tag war wieder ein Sonntag.	*Rückenschaukel auf der Matte Strecken, auf Zehenspitzen gehen*
Die Raupe fraß sich durch ein grünes Blatt. Es ging ihr nun viel besser. Sie war nicht mehr hungrig, sie war richtig satt.	*Sprung von der Langbank auf davor liegende Matte* *durch den Raum hüpfen*
Und sie war auch nicht mehr klein, sie war groß und dick geworden.	*mit ausgebreiteten Armen laufen*
Sie baute sich ein enges Haus, das man Kokon nennt, und blieb darin mehr als zwei Wochen lang.	*alle zusammen kuscheln sich unter dem Schwungtuch aneinander*
Dann knabberte sie sich ein Loch in den Kokon, zwängte sich nach draußen und ...	*wieder unter dem Tuch hervorkrabbeln*
war ein wunderschöner Schmetterling!“	*zu klassischer Musik durch den Raum „fliegen“, evtl. mit je einem Chiffontuch als Flügel.*

(Carle, 2007)

Bewegungsgeschichte für Vorschulkinder

Die große Reise

Ziele: Erwärmung am Anfang, Fantasie, Koordination, Beweglichkeit, Rücksichtnahme, Konzentration, Ausdauer, Spaß, Reaktion, Rhythmus, Wahrnehmung, Gemeinschaft, Entspannung am Ende
Raum: Turnraum
Material: Schwungtuch

Spielidee

Die Idee wird den Kindern kurz erklärt, dann kann es sofort losgehen.
Jedes Kind fasst das Schwungtuch fest am Rand, durch gemeinsames Aufsagen unseres Zauberspruchs *„Wir rollen unser Segel aus und segeln in die Welt hinaus"* verwandelt sich unser Schwungtuch in ein Segelboot, mit dem wir über das Meer verreisen können und dabei allerhand Abenteuer erleben. Die Kinder sollten möglichst barfuß sein. Sobald alle Kinder festhalten und der Zauberspruch gesagt wurde, geht es los. Alle laufen dabei hintereinander immer schneller im Kreis.

Text:	**Spielhandlung:**
Habt ihr Lust, mit unserem Segelboot eine tolle Fahrt zu machen und dabei was zu erleben?	*Alle fassen mit der rechten Hand das Schwungtuch, der Zauberspruch wird gemeinsam aufgesagt.*
„Wir rollen unser Segel aus und segeln in die Welt hinaus".	*Wir laufen dabei im Uhrzeigersinn, erst langsam und dann immer schneller.*
Jetzt kommt Windstille auf.	*Wir gehen alle in die Hocke.*
Nun geht leichter Wind, dadurch entstehen kleine Wellen, wir sehen dies an der Wasseroberfläche.	*Wir machen leichte Wellen durch gemeinsames Rütteln mit dem Schwungtuch.*
Dabei ist es sicher schön durch das Wasser zu waten, zu gehen, oder zu hüpfen.	*Jeweils ca. drei Kinder, dürfen zusammen in den Wellen waten, gehen und hüpfen, die anderen machen weiter Wellen, so lange, bis alle Kinder dran waren.*
Wir rollen unser Segel aus und segeln in die Welt hinaus.	*Wir laufen dabei im Uhrzeigersinn, erst langsam und dann immer schneller.*

Oh je, da ist ja auch ein Krokodil im Wasser.	*Ein Kind schlüpft als Krokodil unter das Wasser (Schwungtuch), alle anderen sitzen um das Tuch und strecken die Beine darunter. Das Krokodil knabbert (streicheln, kitzeln) an Zehen und Füßen, manchmal zieht es auch ein Kind ins Wasser (an den Füßen ziehen, bis dieses, evtl. schreiend, auch unter dem Tuch ist und zum Krokodil wird). Es wird darauf geachtet, dass jedes Kind einmal zum Krokodil wurde.*
Wir rollen unser Segel aus und segeln in die Welt hinaus.	*Wir laufen dabei im Uhrzeigersinn, erst langsam und dann immer schneller.*
Ein Seeadler versucht Fische zu fangen.	*Ein Kind (Fisch, ggf. auch mehrere Fische) unter dem Tuch, ein zweites Kind (Seeadler) auf dem Tuch (vorsichtig krabbeln, damit man auf keinen Fisch tritt), die anderen Kinder machen Wellen. Der Seeadler versucht den Fisch zu fangen. Rollenwechsel, sodass wieder alle drankommen.*
Wir rollen unser Segel aus und segeln in die Welt hinaus.	*Wir laufen dabei im Uhrzeigersinn, erst langsam und dann immer schneller.*
Nun sind die Wellen so friedlich, dass wir gemütlich schaukeln können.	*Alle wiegen sich in gemeinsamem Rhythmus nach rechts und links, im Kreis.*
Wir rollen unser Segel aus und segeln in die Welt hinaus.	*Wir laufen dabei im Uhrzeigersinn, erst langsam und dann immer schneller.*
Seht mal, da vorne ist eine Insel da schauen wir mal, ob es da Menschen gibt. Wir finden Indianer vor, die verständigen sich mit Trommeln, wir probieren das auch einmal.	*Das Tuch wird von allen mit je einer Hand ganz straff gehalten, mit der anderen Hand kann nun von oben, wie auch von unten getrommelt werden. Sicher ist es auch möglich, in der Gruppe verschiedene Rhythmen zu finden.*

Können wir uns vielleicht auch über das Trommeln verständigen?	*Jeweils ein Kind trommelt für ein anderes einen kurzen Rhythmus. Das „angetrommelte" Kind antwortet durch „Echo" und darf dann an ein anderes Kind trommeln. Wieder, bis alle dran waren.*
Nun verabschieden wir uns hörbar von den Indianern, weil wir wieder auf unser Boot wollen.	*Vielleicht ist es nun möglich, für alle einen gemeinsamen Rhythmus zu finden.*
Wir rollen unser Segel aus und segeln in die Welt hinaus.	*Wir laufen dabei im Uhrzeigersinn, erst langsam und dann immer schneller.*
Schon wieder kommt starker Wind, der wird sogar zum Sturm und bläst alles durcheinander.	*Jeweils zwei Kinder werden benannt, die schnell loslassen und unter dem Tuch ihre Plätze tauschen, das Tuch am neuen Platz schnell wieder fassen. Die anderen Kinder machen weiter Wellen. Wieder Rollenwechsel für alle.*
Variation:	*Alle schwingen das Tuch mehrmals hoch, lassen es beim dritten Mal los, und tauschen den Platz.*
Wir rollen unser Segel aus und segeln in die Welt hinaus.	*Wir laufen dabei im Uhrzeigersinn, erst langsam dann immer schneller.*
Seht mal da vorne, da ist ein Wasserkarussell, wollt ihr da mal mitfahren?	*Zwei Kinder sitzen in der Mitte des Tuches und werden von den anderen im Kreis gedreht. Immer schneller, evtl. mit Richtungswechsel. Auch dies, bis alle Kinder fahren durften.*
Es ist Abend geworden, wir müssen uns nun ein Nachtlager bereiten.	*Alle halten im Stehen mit beiden Händen das Schwungtuch, werfen es koordiniert gemeinsam hoch. Es wird aufgebläht langsam zu Boden sinken. Wir nutzen die Zeit und setzen uns alle schnell darunter. Schaffen wir es, den Rand schnell unter den Po zu ziehen, dann bleibt die*

Luftkuppel noch etwas erhalten. Diese Übung kann evtl. öfter gemacht werden, bis es gut klappt.

Wir rollen unser Segel aus und segeln wieder zurück nach Haus.

Wir gehen dabei diesmal langsam im Uhrzeigersinn, setzen uns um das Tuch.

Nun legen wir uns schlafen.

Jeweils ein Kind legt sich unter das Tuch, ein anderes Kind sitzt auf dem Tuch und ertastet die Position des ersten Kindes, imitiert sie oberhalb des Tuches. Die Gruppe kontrolliert, ob es so stimmt. Auch dies geht wieder, bis alle dran waren.

Bewegungsgeschichte für Schulkinder

Die aufregende Befreiung von Prinzessin Augenstern

Ziele: Fantasie und Kreativität, sozialer Umgang miteinander (Helfen, Mitmachen, gemeinsames Lösen von Aufgaben, Gemeinsamkeit), Beweglichkeit, Konzentration, Koordination, Integration der beiden Gehirnhälften.

Raum: Turnraum

Material: ein Körbchen voller Wäscheklammern, ein großer Korb mit bunten Baumwolltüchern, Turnmatten, beschwingte Musik für den Abschluss.

Spielidee

Es soll das Interesse der Kinder am Erleben von Abenteuern genutzt werden. Dies entspricht auch dem Alter der Kinder, die diese Geschichte wirklich und mit echter Teilnahme und Mitarbeit selber mitgestalten und empfinden.
Wir haben die gefährliche Aufgabe, die schöne *Prinzessin Augenstern* wieder zu befreien, weil sie vom schrecklichen *Monster Donnerplotz* im Wald entführt wurde.

Text:
Prinzessin Augenstern hatte beim Spielen im Wald die Zeit vergessen und war mit ihrem ganzen Hofstaat in ein fürchterliches Gewitter gekommen.

Spielhandlung:
Donnerstampfen, wir trampeln alle ganz kräftig mit den Füßen auf dem Boden und laufen dann wie die Blitze kreuz und quer durch den Raum, ohne andere anzustoßen.

Das tief im Wald lebende Monster Donnerplotz nutzte dies und entführte die schöne Prinzessin, ihr gesamter Hofstaat blieb natürlich bei ihr.

Als Erstes müssen wir uns unbedingt mit einer Rüstung schützen, damit uns das Monster nicht greifen kann, wenn es uns sieht.

Mit den Wäscheklammern und den Baumwolltüchern bringt sich jeder eine Schutzrüstung an.

Als Nächstes werden wir das Monster verwirren, indem wir nicht wie Menschen gehen.

Wir gehen nur in geraden Linien, bei Hindernissen bleiben wir kurz stehen und gehen dann in anderer Richtung in gerader Linie weiter.

Damit Donnerplotz immer noch nicht merkt, dass wir jetzt kommen, bewegen wir uns wieder ganz anders als Menschen gehen. Dies hinterlässt völlig andere Spuren im weichen Waldboden.

Wir hängen uns jetzt mit einem Partner Rücken an Rücken ein und bewegen uns so vor- bzw. rückwärts durch den Wald.

Wir müssen plötzlich an einer geheimnisvollen Spiegelwand vorbei. Aber auch dieses Hindernis schaffen wir mit gegenseitiger Hilfe.

Wir drehen uns dem Partner zu und arbeiten uns genau wie unser Spiegelbild seitwärts weiter.

Jetzt hören wir Donnerplotz schon ganz laut brüllen.

Wir brüllen alle so laut wir können.

Deshalb machen wir uns hier groß, damit es denkt, wir wären Riesen.

Wir gehen auf Zehenspitzen mit gestreckten Armen.

Hier müssen wir leider unsere Schutzrüstung ablegen, weil wir sonst in der engen Höhle stecken blieben.

Wir nehmen die Wäscheklammern und die Tücher ab, beides legen wir zurück in die Körbe.

In die Höhle des Monsters gelangt man nur rückwärts, auch hier dürfen wir keine erkennbaren Spuren hinterlassen.	*Wir gehen jetzt rückwärts, nur auf den Fersen.*
Als Nächstes werden wir Donnerplotz betäuben, wir stellen uns Schlafraketen her, wir werfen diese in die Höhle, damit wir Donnerplotz damit treffen und er in tiefen Schlaf versinkt.	*Wir nehmen uns eines der Tücher, machen in eine Ecke einen Knoten und werfen zielend in den bereitgestellten Korb.*
Nun wagen wir uns ganz tief in die Höhle. Damit uns Donnerplotz, sollte er nicht schlafen, für viel dicker und stärker hält als wir sind, wenden wir wieder eine List an:	*Wir nehmen den Partner Huckepack auf den Rücken und tragen ihn einmal durch den Raum. (Rollenwechsel)*
Nun sehen wir zum Glück, dass das Monster schläft.	*Wir schleichen leise und geduckt durch das Zimmer (Ballengang).*
Hier entdecken wir endlich Prinzessin Augenstern und ihren Hofstaat verschreckt in die Ecke der Höhle gekauert.	*Die Kiste mit den vorherigen Wurfraketen.*
Wir nehmen uns jeweils eine der Personen und setzen sie für den gefährlichen Rückweg auf unsere Schulter.	*Der Knoten ist der Kopf, wir binden uns ein Tuch mit den beiden Spitzen locker um die Schultern.*
Den Berg außerhalb der Höhle purzeln wir hinunter, damit es schneller geht.	*Mehrere Purzelbäume auf der Matte (Achtung, die Knoten der Tücher seitlich).*
Jetzt müssen wir über einige hohe Gräben springen, wir helfen uns dabei gegenseitig.	*Springen im Bocksprung über den Rücken des Partners.*

Falls Donnerplotz aufwacht, Soll er uns bloß wieder nicht als Menschen erkennen, deshalb purzeln wir jetzt zu zweit weiter.	*Purzelbäume zu zweit (jeweils die Fußgelenke des Partners fassen, Kopf einrollen).*
Oh je, das, Gebüsch wird hier ganz niedrig, das gibt uns wenig Deckung, wir müssen trotzdem da durch.	*Wir robben über den Boden.*
Donnerplotz ist plötzlich aufgewacht, wir erschrecken ihn!	*Wir machen schlimme Grimassen und Monstersprünge.*
Wir müssen wieder durch Dickicht im Wald, natürlich helfen wir uns wieder gegenseitig und halten das Gebüsch füreinander zurück.	*Kinder machen eine Brücke nach vorne, jeweils der Letzte in der Reihe krabbelt auf allen Vieren hindurch.*
Durch den nun vor uns liegenden Fluss können wir mit dem Floß fahren, wir müssen uns aber ganz eng setzen, damit alle auf dem Floß Platz finden.	*Wir sitzen alle dicht hintereinander, der Oberkörper gibt Schwingungen, Wellen, Windungen und Kurven der Gruppe nach.*
Den Rest der Strecke schwimmen wir, das Wasser ist nicht tief genug für unser Floß.	*Schwimmbewegungen auf dem Bauch, auf dem Boden.*
Weil wir nun durch ein Sumpfgebiet müssen, brauchen wir gegenseitige Hilfe. Damit keiner im Sumpf steckenbleibt, dürfen wir nicht auftreten, also müssen wir uns anders fortbewegen.	*Alle legen sich eng aneinander auf den Bauch, der Letzte der Reihe rollt sich gestreckt über die Anderen.*
Donnerplotz schaut schon wieder nach uns, wir müssen ihn endgültig verjagen.	*Trommeln auf den Boden und sonstige Körpergeräusche.*

Wir haben es geschafft! Endlich sind wir sicher und heil im Schlossgarten von Prinzessin Augenstern angelangt, deshalb können wir jetzt einen Freudentanz machen und ein Fest feiern.	*Tüchertanz mit Musik.*

Lernfelder: Siehe auch bei:
- Deutsch, Kommunikation
- Pädagogik und Psychologie
- Sozialpädagogische Praxis
- Praxis-, Methodenlehre und Medienerziehung
- Musik und Musikerziehung

5.5 Bewegungslandschaften, Bewegungsbaustelle

Diese ähnlichen Begriffe differieren dahingehend, dass sogenannte *Bewegungslandschaften* und *Kletterparcours* meist von den Erwachsenen nach deren Ideen geplant und aufgebaut werden, während die *Bewegungsbaustelle* von Kindern selber geplant, gebaut und meist stetig den veränderten Ideen und Bedürfnissen entsprechend umgebaut, ergänzt und verändert wird, was ein Experimentieren, eigenes Denken und Planen mit den Materialien ermöglicht und herausfordert.

Kinder sollten am Auf- und Umbau einer Bewegungsbaustelle beteiligt werden.

Elfriede Hengstenberg arbeitete als Gymnastiklehrerin im letzten Jahrhundert über 65 Jahre lang mit Kindern. Sie erkannte die Wichtigkeit der Bewegung für die Entwicklung der Kinder. Um die Bewegungsfreude und Bewegungsmöglichkeiten der Kinder zu verbessern, entwickelte sie das nach ihr benannte Konzept der Bewegungsbaustelle. ***Emmi Pikler*** promovierte in Wien als Kinderärztin. Später arbeitete sie in Wien und Budapest vor allem mit Kleinkindern und deren Entwicklungsanregungen. Beeinflusst durch Elfriede Hengstenberg erarbeitete Sie, angepasst an deren Konzept, ihre Materialien zur selbstständigen Bewegungsentwick-

lung vom Säuglingsalter bis zum freien Gehen. Kindergärten arbeiten also heutzutage oft mit den „Hengstenberg-Materialien", Kinderkrippen mit den kleineren „Pikler-Materialien", um die Idee der Bewegungsbaustelle zu verwirklichen.

Durch das Beteiligen der Kinder am Auf- und Umbau wird deren Vorfreude auf die folgende Nutzung geweckt. Dabei ist es auch möglich, sie für eventuelle Gefahrenquellen zu sensibilisieren.

Die Kombination der verschiedenen Materialien wie z.B. Leitern, Reifen, Rollen, Bretter, Balken usw. fordert das Gestalten der Bewegungslandschaft mit umfassenden Möglichkeiten wie gleiten, rutschen, klettern, balancieren, steigen, springen, schaukeln, heben, tragen, schieben etc. heraus. Kinder bewegen sich von selbst gern, sie müssen nicht extra zur Bewegung aufgefordert werden. Im Gegenteil, sie werden zu häufig von Erwachsenen reglementiert und in ihren Aktionen gebremst. Die natürlichen Bewegungsbedürfnisse der Kinder sollten nicht nur auf feste Stunden fixiert sein, sondern es sollte geplant werden, wie der Alltag insgesamt bewegter gestaltet werden kann. Häufig wird in Tagesstätten immer noch mit traditionellen, fantasielosen und langweiligen Gymnastikübungen und Bewegungsspielen gearbeitet, anstatt mit mehr Ideen und Flexibilität zur Sache zu gehen.

Es finden sich viele Möglichkeiten, eine Bewegungsbaustelle zu nutzen.

Bei der Erstellung des BEP wurde dies bedacht: „Voraussetzung für die Förderung der kognitiven Kompetenz durch Bewegung ist die Eigenaktivität des Kindes, das weitgehend freie und kreative Erproben eigener Bewegungsmöglichkeiten. Aufgrund des engen Zusammenhangs von Wahrnehmen und Sichbewegen wird die geistige Entwicklung entscheidend von der Vielfalt der Erfahrungen des Kindes im experimentierenden und erforschenden Umgang mit Dingen und Materialien beeinflusst."
(Eirich, 2003, S. 247)

Bewegungsgeschichten, Bewegungslandschaften und Bewegungsbaustellen fördern diese Selbstständigkeit, die Sozialkompetenz und die Fantasie der Kinder, deshalb sollten sie vermehrt eingesetzt werden.

Die aktive Auseinandersetzung mit Geräten und Materialien ermöglicht, mehr über deren Eigenschaften und Handhabung zu erfahren, Erfahrungen mit sich und anderen zu machen und dabei Möglichkeiten und Grenzen zu erkennen.

Regeln und Sicherheitsvorschriften müssen eingehalten werden.

Wenn es gelingt, eigene Ideen und Pläne mithilfe anderer Beteiligter in die Tat umzusetzen, wenn es gelingt, aus den verschiedenen Ideen gemeinsame Ziele zu finden, wenn es möglich ist, die eigenen Bauten zu verschiedenen Bewegungsexperimenten zu nutzen, schafft dies ein hohes Maß an Selbstwertgefühl und Sicherheit, zudem Vertrauens- und Zusammengehörigkeitgefühl der Kinder untereinander.

Die hier gewonnene Bewegungssicherheit schafft die Basis für neue Ziele, Ideen und Wagnisse.

Möglich ist der Aufbau einer Bewegungslandschaft, wie auch Bewegungsbaustelle im Turnraum mit den vorhandenen Großgeräten. Doch auch für Nebenraum und Garten bieten verschiedene Hersteller sogenannte Großbaukästen mit den nötigen Einzelteilen an. Wobei auf die Prüfsiegel bezüglich Stabilität und Sicherheit zu achten ist.

Um mögliche Gefährdungen und Verletzungen zu vermeiden, ist vom Erwachsenen während Aufbau und Nutzung der Spielangebote auf die Einhaltung von Regeln und Sicherheitsvorschriften zu achten. Was bedeutet, dass Kinder auch hier nicht unbeaufsichtigt gelassen werden dürfen (siehe auch Kapitel 4.5, Seite 71–72).

Lernfelder: Siehe auch bei:

- Sozialkunde und Berufskunde
- Pädagogik und Psychologie
- Rechtskunde
- Sozialpädagogische Praxis
- Mathemat.-naturwissenschaftliche Erziehung
- Ökologie und Gesundheit
- Praxis-, Methodenlehre und Medienerziehung

5.6 Körpergefühl, -bewusstsein und -haltung empfinden, entwickeln und erleben

Schaukeln, Schwingen, Balancieren, sich drehen, was gibt es Schöneres für ein Kind? Diese Spiele mit dem Gleichgewicht helfen bei der Wahrnehmung unserer Umwelt.

Der Gleichgewichtssinn bildet sich bereits im Mutterleib. So halfen bereits Generationen schwangerer Mütter ihrem Kind oft instinktiv bei der Entwicklung, indem sie viel Zeit im Schaukelstuhl zubrachten. Später regen wir Babys an oder beruhigen sie mit Wiegen, Schaukeln und Hopsen.

Der Gleichgewichtssinn braucht regelmäßige Anregung.

Untersuchungen haben gezeigt, dass Kinder, die oft Gleichgewichtsaufgaben ausführen, wacher, aktiver und aufnahmefähiger im Unterricht sind. Es ist erwiesen, dass Lernen in Bewegung besser funktioniert, weil es das Gehirn wacher hält. Ein gutes Beispiel ist hierfür, dass man Vokabeln und Ähnliches besser und schneller lernt, wenn man währenddessen spazieren geht. Das Gleiche können wir beobachten, wenn wir sehen, wie Kinder in Koranschulen ihre Gebete aufsagen. Wir bemerken, dass sie sich meist im Schneidersitz befinden, während der Oberkörper rhythmisch vor- und zurückwippt.

Gleichgewichtaufgaben helfen, uns in der Welt zu orientieren sowie beim Lernen.

Schulklassen, die auf einem Sitzball anstatt eines Stuhles ihre Unterrichtszeit verbringen, sind automatisch weniger hippelig, als ihre Alterskollegen, die während des Unterrichts mit Stühlen wackeln und zappeln. Auf dem Ball zu sitzen erfordert eine ständige Anpassung unseres Gleichgewichts, was die Aufmerksamkeit erhöht.

Auf jedem Volksfest kann man feststellen, wie viel Geld auch Erwachsene ausgeben, um noch einmal kräftig und waghalsig durchgeschaukelt und durchgerüttelt zu werden.

5.6.1 Gleichgewicht, Balance, schaukeln, schwingen und drehen

Der Gleichgewichtssinn lenkt Gehen, Stehen und Sitzen.

Redewendungen zum Gleichgewicht:

- Jemand hat einen festen Standpunkt
- Er steht mit beiden Beinen fest auf dem Boden
- Sie lässt sich nicht aus dem Gleichgewicht bringen
- Man bewahrt Haltung
- Jemand ruht in sich ...

- Der Gleichgewichtssinn wird in den ersten Schwangerschaftsmonaten angelegt, durch Bewegungen der Mutter stimuliert (z. B. Schaukeln)
- Ein Kleinkind braucht ca. 1 Jahr bis zum aufrechten Gang, es muss die Anziehungskraft der Erde unter Kontrolle bringen.

- Während dieser Zeit ist viel Anregung für den Gleichgewichtssinn notwendig:
  - Kopf heben
  - sitzen
  - robben
  - krabbeln
- Das Rückgrat der Entwicklung sind:
  - Gleichgewichtssinn
  - Bewegungsapparat
  - Tastsinn
- Der Gleichgewichtssinn ist somit die Grundlage schulischer Fähigkeiten:
  - Aufmerksamkeit
  - still sitzen
  - mit den Augen etwas fixieren

Der Gleichgewichtssinn wird bereits in den ersten Monaten der Schwangerschaft angelegt und stimuliert.

Kinder, die in ihren Bewegungen ungenau und unsicher sind und unbeholfen wirken, haben häufig Probleme mit ihrem Gleichgewichtssinn! Sie brauchen viel Anregung und Hilfe, damit sie ihre Sicherheit gewinnen können!

Der Anziehungskraft der Erde sind alle Wesen auf ihr untergeordnet. Eine der wichtigsten Entwicklungsaufgaben des Kleinkindes ist es, sich entgegen dieser Anziehungskraft aufzurichten, zum Stehen, und dann zum Gehen zu kommen. Dies ist eine wichtige Gleichgewichtsaufgabe.

Unser Gleichgewicht ist verantwortlich für die Bewegungskoordination und für die Orientierung im Raum. Wenn der Körper in Beschleunigungs-, Schaukel- oder Drehbewegung kommt, muss sich unser Gleichgewicht darauf einstellen. Das Gleichgewichtsorgan meldet die veränderte Situation sofort an das Gehirn, dieses veranlasst die nötige Anpassungsleistung des Körpers.

Wenn wir stolpern, versuchen wir „instinktiv" mit den Armen zu rudern oder andere Ausgleichsbewegungen auszuführen, um unser Gleichgewicht wiederzuerlangen.

Das Spiel mit dem Gleichgewicht regt auch die anderen Sinne an, verhilft ihnen so zu wichtigen Entwicklungsschritten. Durch schnelle Dreh- oder Schaukelbewegungen müssen sich sofort Augen und Ohren mit schneller Wahrnehmung anpassen, also neu orientieren.
Das Gleichgewichtsorgan befindet sich im Innenohr. Ein wahres Labyrinth von Gängen und Kanälen arbeitet hier.

So wird die Beschleunigung und die Lageveränderung des eigenen Körpers registriert. Als Messhilfe befindet sich im Gleichgewichtsorgan eine Flüssigkeit. Diese wird bei Bewegung in Schwingung versetzt. Man kann sich dies wie eine Wasserwaage vorstellen. Hält man diese schief, verändert sich die darin enthaltene Flüssigkeit sichtbar, wir müssen dann die Position des Bildes, das wir aufhängen wollen, korrigieren.

Das Gleichgewichtsorgan befindet sich im Innenohr, es stellt die Lage des Körpers fest.

Nachfolgende Beispiele zeigen uns nun, wie wir das Gleichgewicht bei Kindern anregen können.

Kleinkind 1–3 Jahre

Gleichgewicht finden

Ziele: Koordination, Orientierung, Gleichgewicht, Reaktion, Spaß
Raum: freier Nebenraum, Turnraum
Material: Hängematte, Schaukel mit großem gepolstertem Brett, auf dem mehrere Kinder Platz finden, Weichbodenmatte
Umsetzung: Mithilfe von Hängematten, diversen Schaukeln und Schaukelpferden, der Weichbodenmatte (um darauf zu hopsen, zu gehen, davon herunter zu springen) und einer auf dem Boden aufgelegten Schnur (Balancierseil) können die Kinder in verschiedenen Situationen ihr Gleichgewicht üben.

Vorschulkind 3–6 Jahre

Rutschen und Gleiten

Ziele: Koordination, Rücksicht, Orientierung, Gleichgewicht, Reaktion, Spaß
Raum: Garten mit weicher Wiese bei warmem Wetter
Material: große Plastikfolie, Schmierseife, Wasser, evtl. Badehosen, Handtücher
Umsetzung: Schmierseife und etwas Wasser machen eine große Folie besonders gleitfähig und rutschig. Diese Situation kann man als lustige Übungsmöglichkeit nutzen: Einzeln Anlauf nehmen, auf dem Bauch oder Po landen und so lange wie möglich weitergleiten. Für mehrere Kinder sind Schiebe- und Rangelkämpfe möglich (Fair play!) ebenso wie „Schlittschuhlauf" und Tänze auf der rutschigen Fläche. Weiteren Ideen sind hier keine Grenzen gesetzt.

Schulkind 6–12 Jahre

Umsetzung: „Schiefe Ebenen"

Ziele: Gleichgewicht, Koordination, Reaktion, Orientierung, Rücksichtnahme, Balance, Spaß, Kraft, Ausdauer

Raum: Turnraum, Garten

Material: Bretter, Baumstamm, Kisten, Keile, evtl. Reifen, Matten usw.

Zum Thema „schiefe Ebenen" bauen wir uns mit Hilfe und Fantasie der Kinder eine Bewegungslandschaft mit vielen verschiedenen Möglichkeiten zur Nutzung, z. B. balancieren oder rauf- und runterlaufen, aber auch hochklettern, von verschiedenen Höhen herunterspringen, sich herunterrollen, balancieren und Vieles mehr.

Eine Weiterentwicklung dieser Idee sind die beliebten Halfpipes, auf denen Jugendliche ihren kunstfertigen Umgang mit dem eigenen Körper mithilfe von Rollerblades oder Skateboards probieren, üben und steigern.

Lernfelder: Siehe auch bei:

- Pädagogik und Psychologie
- Ökologie und Gesundheit
- Musik und Musikerziehung
- Sozialpädagogische Praxis
- Mathemat.-naturwissenschaftl. Erziehung
- Praxis-, Methodenlehre, Medienerziehung
- Säuglingspflege

5.6.2 Kunststücke, Bodenakrobatik, Vorführ- und Zirkusaufgaben

Zirkus ist ein Thema, das auf Kinder, gleich welchen Alters, schon immer eine hohe Faszination ausübte.

Hierbei können in besonderer Weise Gleichgewichts- und Geschicklichkeitsübungen probiert werden.

Auch bei diesem Thema geht es nicht in erster Linie um ein vorzeigbares Produkt, als vielmehr um Probieren und Erleben. Doch sind bestimmte „Kunststücke" einmal erarbeitet und funktionieren sie, so bietet sich an, dies bei passendem Anlass auch einem auserwählten Publikum vorzuzeigen.

Diese Aufgaben stärken das Selbstwertgefühl eines Kindes riesig, denn, ist es nicht ein wundervolles Gefühl, sich etwas getraut und dann dies zur eigenen Zufriedenheit und zur Bewunderung anderer geschafft zu haben?
Ist es nicht fantastisch, wenn man dann weiß, wie es funktioniert, sodass man es jederzeit wieder machen kann und dabei feststellt, dass es immer selbstverständlicher und besser wird?

Jedes Kind beschäftigt sich gern mit dem Thema Zirkus. Hier gelernte Aufgaben stärken das Selbstwertgefühl.

Als Kunststücke der Kinder können, wenn sie erst einmal gelingen, die verschiedenen Balancier- und Gleichgewichtsaufgaben gesehen werden.

Mit Bodenakrobatik befassen wir uns nun hier. Zum Gelingen der Aufgaben ist Konzentrationsfähigkeit, Bewegungsgenauigkeit und ein gutes Einfühlungsvermögen aller Beteiligten erforderlich. Und genau diese Eigenschaften werden mit den Übungen geschult.

Zuvor ist es, wie immer bei Bewegung, hier aber besonders wichtig, dass Uhren und jeglicher Schmuck, Haarspangen und Ähnliches abgelegt wurden.

Bei schwierigeren Aufgaben müssen genügend Teilnehmer Hilfe- und Sicherheitsstellung leisten, wozu sie genau angeleitet werden müssen. Partner müssen in Größe und Gewicht zueinander passen, was auch bedeutet, dass Größere und Stärkere die Basis, Kleinere und Schwächere den Aufbau bilden.

***Bei schwierigen Aufgaben sind richtige Hilfestellung und Sicherheitsleistung sehr wichtig.
Kommandos sind zu vereinbaren und unbedingt einzuhalten.***

Beim Aufstieg wie auch beim Abstieg (mit Hilfestellung!) muss behutsam mit den Partnern umgegangen werden.

Weil sich der untere Partner auf das zu tragende Gewicht einstellt, darf nie (außer im Notfall) plötzlich abgesprungen werden, bzw. eine Bewegung hektisch begonnen oder beendet werden.

Vor Beginn abgesprochene Kommandos hierfür müssen bedingungslos von allen beachtet und eingehalten werden. Um andere nicht zu verletzen, arbeiten wir bei der Bodenakrobatik stets barfuß, in Socken (Vorsicht, Rutschgefahr), oder mit feinen Gymnastikschuhen.

Zum Gelingen muss besonders auf Symmetrie der Figuren geachtet werden.
Bei den tragenden unteren Personen darf immer nur auf dem Schultergürtel, sowie auf dem Beckenbereich abgestützt und aufgebaut werden. Weil die Wirbelsäule für Punktlasten zu labil und die Nierengegend sehr empfindlich ist, müssen so mögliche Verletzungen ausgeschlossen werden.

Nur auf Schultergürtel und Beckenbereich darf aufgebaut werden. Dabei muss gefühlvoll und vorsichtig mit dem Anderen umgegangen werden.

Die Übungen sind nur durch richtige Koordination, Körperspannung und Kraftdosierung aller Beteiligten ausführbar.

Ein gegenseitiges Vertrauensverhältnis, das Wissen, dass man sich auf den anderen verlassen kann und ein daraus folgendes ständiges Ausbalancieren aller Beteiligten muss erarbeitet werden.

Da wir mit Kindern keine zu waghalsigen Figuren machen wollen, verwenden wir häufig den kleinen Kasten als Stützfigur.

Kleinkind 1–3 Jahre

Zirkus

Ziele: Koordination, Gleichgewicht, Balance, Konzentration, Beweglichkeit, Anpassung
Raum: freier Raum mit Teppichboden oder Matten
Material: Ist keines erforderlich, doch Kleinkinder können diese Übungen nur mit einem erwachsenen Partner machen.

Aufgabe

Statue: Man hält das Kind an beiden Händen, stellt sich mit gebeugten Knien, das Kind steigt nun auf die Knie, lehnt sich nach hinten (Körperspannung), doch niemals dann einen Umdrehungsumschlag machen, dies belastet die kindlichen Schultergelenke zu sehr.

Rodeo: Der Erwachsene befindet sich im Vierfüßlerstand, das Kind kann auf dem Rücken sitzen, knien oder stehen (Hilfestellung und Sicherung!). Kann es auch noch auf dem Rücken bleiben, wenn sich dieser nach oben und nach unten wölbt, oder schüttelt?

Balance: Der Erwachsene liegt auf dem Boden, fasst die Hände des Kindes, das bei seinen Füßen steht, er stellt die Fußsohlen auf den Bauch des Kindes und hebt dieses mit gestreckten Beinen hoch. Das Kind sucht seine Balance, ohne zu fallen.

Vorschulkind 3–6 Jahre

Bodenakrobatik

Ziele: Koordination, Gleichgewicht, Rücksicht, Anpassung, Beweglichkeit, Reaktion, Konzentration, Körperspannung, Kraft

Raum: Turnraum

Material: Matten, kleine Kästen

Aufgabe: Verschiedene Standbilder und erste Aufbauten. Zu beiden Seiten des kleinen Kastens befindet sich ein Kind im Vierfüßlerstand, die Füße berühren den Kasten. Auf dem Kasten knien zwei Kinder, sie legen sich gegenseitig um die Schulter, halten sich so fest. Das äußere Bein wird dann gestreckt auf dem Rücken des daneben befindlichen Vierfüßlers aufgelegt.

Ein Kind kniet auf dem kleinen Kasten, es stützt dabei Hände und Oberkörper auf dem Rücken des Partners auf, der auf dem Boden mit den Füßen den Seitenteil des Kastens berührt.

Ein Kind kniet vorsichtig auf dem Partner, dieser kniet auf dem Boden. (Hilfestellung geben!)

Zwei Kinder knien auf dem Boden, die Fußsohlen zeigen zueinander, ein drittes Kind steht auf beiden, jeder Fuß setzt dabei auf dem Beckenbereich auf. (Hilfestellung geben!)

Schulkind 6–12 Jahre

Bodenakrobatik

Ziele: Koordination, Gleichgewicht, Rücksicht, Konzentration, Körperspannung, Beweglichkeit, Reaktion, Kraft, Anpassung
Raum: Turnraum, weiche Wiese
Material: Matten
Aufgabe: In diesem Alter können ähnliche Aufgaben wie im Kindergartenalter angeboten werden, jedoch sind jetzt bereits schwierigere und kompliziertere Figuren möglich.

Einer der Partner liegt auf dem Boden, die ausgestreckten Beine werden in Leistenhöhe des zu Füßen stehenden Partners schräg angesetzt, die offenen Handflächen an den Schultern angesetzt. Auf Kommando springt der stehende Partner so in hochgehaltener Bauchlage, dass seine Beine gestreckt, waagerecht nach hinten abstehen. Die Hilfestellung unterstützt ein Ausbalancieren an den gestreckten Beinen des oberen Partners.

Ein Partner steht mit gebeugten Knien in stabiler Position, er hält den, mit dem Rücken vor ihm stehenden Partner mit beiden Händen an den Hüften. Wieder auf Kommando steigt dieser mit beiden Füßen nacheinander über die Knie des Partners auf und breitet die Arme aus. (Hilfestellung geben!)

Ein Partner befindet sich im Vierfüßlerstand auf dem Boden, der andere Partner baut vorsichtig auch einen Vierfüßlerstand auf seinem Rücken (Schulter- und Beckenbereich) auf, streckt dann ein Bein waagrecht nach hinten. (Hilfestellung geben!)

Lernfelder: Siehe auch bei:
- Pädagogik und Psychologie
- Ökologie und Gesundheit
- Sozialpädagogische Praxis
- Praxis , Methodenlehre, Medienerziehung
- Musik und Musikerziehung

5.6.3 Yoga mit Kindern

Yoga, ursprünglich aus der indischen Kultur, stellt sich zum Ziel, über die Wirkung der körperlichen Übungen die Atmung und innere Ausgeglichenheit zu beeinflussen. Mithilfe gezielter Übungen soll über die Atmung auch die Gesundheit nachhaltig beeinflusst werden. ***Maheshwarananda*** beschreibt in seinem Buch „Yoga mit Kindern", dass es sehr wichtig sei, Säuglinge von ihrem ersten Lebenstag an vorsichtig und regelmäßig zu massieren, damit sie ein positives Körpergefühl, verbunden mit positiver Emotionalität, aufbauen. Zu Yoga bekräftigt er, dass ein längeres Verharren in einer der gelehrten Körperstellungen vor dem fünfzehnten Lebensjahr nicht erfolgen sollte. Jedoch:

„Es ist sehr wichtig, die Kinder zu lehren, sich gut zu entspannen, sich des Gefühls der Entspannung bewusst zu werden, um dadurch fähig zu sein, diese Entspannung bei weiteren Übungen anwenden zu können ..."

(Maheshwarananda, 1992, S. 10)

„Die Übungen, die sich für dieses Alter (2–6 Jahre) eignen, sind mit Tier-, Pflanzen- oder Spielzeugnamen benannt, die die Fantasie des Kindes und auch die des Lehrers anregen sollen. Sprechen Sie mit Kindern z. B. über die verschiedenen Tiere, motivieren Sie sie, durch die Übung die Tiere zu imitieren und so auch besser zu verstehen."

(Maheshwarananda, 1992, S. 39)

Da bei Yoga jede Übung und deren Ausführung genau beschrieben ist und genau so durchgeführt werden soll, werden wir uns hier nur mit ein paar Beispielen aus unterschiedlichen Körperpositionen befassen, da es ansonsten den Rahmen dieses Buches sprengt. Alle aufgeführten Übungen sollen die Beweglichkeit und Geschicklichkeit verbessern sowie auf später folgende „richtige" Yogaübungen vorbereiten.

Name der Übung:	Ausführung:	
Der Käfer	Kind robbt auf dem Bauch mit Passbewegung (rechte Hand und rechtes Bein bewegen sich gleichzeitig und ziehen den Körper vor).	
Die Schildkröte	Die Kinder krabbeln auf allen Vieren, tragen auf dem Rücken einen leichten Gegenstand, um den Rücken gerade zu halten.	

Storchengang	Knie werden abwechselnd nach oben gezogen, dann nach vorne ausgestreckt. Zu dieser Vorwärtsbewegung ahmen die gestreckten Arme den klappernden Schnabel nach.	
Uns ist warm, uns ist kalt	Gegrätschter Beinstand, Arme hoch strecken, tief einatmen, Arme vor der Brust kreuzen, ausatmen.	
Halte die Ferse	Im Stand ein Bein nach hinten beugen, Ferse fassen, Beinwechsel.	
Tanzbärchen	Aufrecht stehen, Fäuste bilden, Arme mit angewinkelten Ellbogen heben bis zur Waagrechten der Oberarme, Unterarme zeigen zur Decke. Bei Ausatmung Oberkörper zur Seite beugen, bei Einatmung wieder zur Mitte, Ausatmung andere Seite.	
Rad fahren	In Rückenlage mit den Beinen, langsam, dann immer schneller.	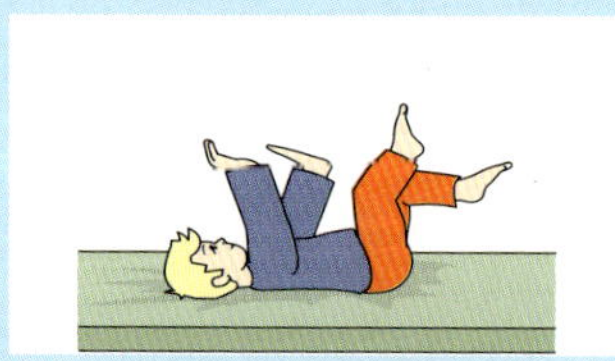
Türkischer Sitz	Mit gekreuzten Beinen sitzen, Hände liegen auf den Knien, abwechselnd zum linken und zum rechten Knie beugen.	

6

Beruhigungs- und Entspannungsangebote

Die Hetze unserer Zeit ist bereits in den Kindergärten angekommen, spätestens im Schulalter fallen Lehrern, Erziehern und Ärzten gestresste Kinder auf.

Der Bedarf an Programmen und Möglichkeiten für kindliche Entspannungsangebote wächst. Immer mehr Kinder zeigen Rastlosigkeit, Nervosität und ständige Unruhe. Diesen Kindern fällt es schwer, bei der Sache zu bleiben, sich auf eine Tätigkeit zu konzentrieren.

Kinder sind mit alltäglicher Unruhe und Hetze konfrontiert, sie brauchen Hilfe, um sich zu entspannen.

Aber auch „normalen" Kindern tut es gut, zu sich selber zu kommen, loszulassen und sich bewusster zu spüren, was nachhaltig zu ihrer Persönlichkeitsentwicklung beiträgt und ihnen hilft, den Alltag zu bewältigen.

Kleinen Kindern hilft die Entspannung, schneller in den notwendigen Schlaf zu gleiten.

Nach einer aufregenden, anstrengenden und konzentrierten Aufgabe tut es jedem Kind gut, in die Entspannung geführt zu werden.

Schulkindern fällt es leichter, konzentriert und zielgerichtet ihre Hausaufgaben zu erledigen, wenn sie sich zuvor entspannen konnten.

Wichtig für ein Entspannungsangebot ist natürlich eine entspannte, kuschelige Körperhaltung im Sitzen, oder auch im Liegen (die Weichbodenmatte bietet sich hier als ideales Kuschellager für die Kindergruppe an). Nun ist noch zu bedenken, dass das Kreislaufsystem bei der Entspannung langsamer wird, was bedeutet, dass man schnell friert, deshalb sollte bei der Planung ggf. auch an Kuscheldecken oder Ähnliches gedacht werden.

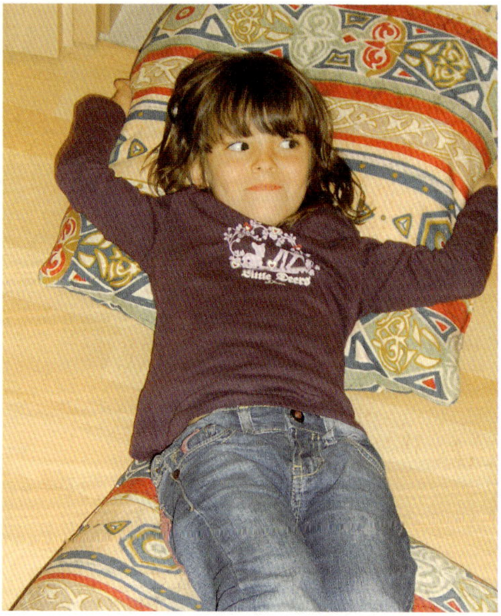

Während einem Entspannungsangebot ist eine angenehme Körperhaltung Voraussetzung.

Beim Vorlesen oder Erzählen von *Entspannungsgeschichten* soll unbedingt bedacht werden, dass bestimmt, *langsam und mit kurzen Denkpausen* zwischen den Absätzen gesprochen wird.

Grundsätzlich lassen sich für unsere Arbeit mit Kindern zwei verschiedene Entspannungsmethoden unterscheiden, nämlich

- Kraft der Gedanken, also durch Vorstellung und Fantasie. Hier reicht es meist, eine kleine themenbezogene Geschichte zu erzählen. Als spezielles Entspannungsangebot kommen **Traum- oder Fantasiereisen** zum Einsatz.
- Kraft der Wahrnehmung, also durch körperliches Spüren. Hierzu zählen z. B. **Partnermassage** und **progressive Muskelentspannung**.

Bedacht werden soll auch die **Wirkung von Farben** (was schon Johann Wolfgang v. Goethe feststellte), die sich immer auf die Befindlichkeit und Stimmung des Menschen auswirken (Raumgestaltung).

Farben haben eine sehr starke Wirkung auf unsere Befindlichkeit.

Weiß: rein, klar, energiespendend

Schwarz und Grau: deprimierend, energieraubend

Rot: Feuer, Wärme, Reizbarkeit

Blau: Klarheit, Entspannung, Beruhigung

Gelb und Orange: sonnig, Lust, Kraft, Freude, Wärme

Grün: Natur, Wachstum, Kreativität

Violett und Rosa: unterstützend, stärkend, klärend, heilend

6.1 Traum- oder Fantasiereisen

Eine Traumreise oder Fantasiereise bringt uns mit unseren Wünschen und Vorstellungen in Verbindung. Dies funktioniert wie Tagträumen. Mit unserer Vorstellung können wir entspannt der sanft und beruhigend erzählten Geschichte folgen, wir empfinden, als erlebten wir alles selbst. Es ist also eine Reise in unsere innersten eigenen Wünsche und Empfindungen.

Die Fantasiereise arbeitet mit inneren Bildern und Symbolen. Wie auf Flügeln entschweben wir für kurze Zeit in eine andere Welt, eine entspannte Welt voller Leichtigkeit. Erneut gestärkt, oft wie aus tiefem und entspanntem Schlaf, können wir wieder mit mehr Konzentration als zuvor unsere Tätigkeit aufnehmen.

Bei kleineren Kindern gehen Fantasie und Wirklichkeit noch verstärkt ineinander über. Sie trennen noch nicht zwischen Traum und Wahrheit, zwischen Spiel und Realität, zwischen Märchen und Erlebtem. Wir Erwachsene beneiden sie manchmal um diese Fähigkeit, denn früh genug muss der Mensch dann lernen, Fantasie und Realität zu unterscheiden.

Diese Vorstellungsreisen können zu einer positiven Lebenseinstellung verhelfen.

Was befähigt nun dazu, Luftschlösser zu bauen, was hilft, in Gedanken zu entschweben, zu fliegen? Als ein passendes Thema hierzu bieten sich Luftballons, Wolken, Seifenblasen, Flügel und Ähnliches an.

In Michael Endes „Unendlicher Geschichte" ist das Wesentliche der Fantasiereise eindrucksvoll beschrieben: „Es gibt Menschen, die können nie nach Fantasien kommen ... und es gibt Menschen, die können es, aber sie bleiben für immer dort. Und dann gibt es noch Einige, die gehen nach Fantasien und kehren wieder zurück. So wie du. Und die machen beide Welten gesund."

Kleinkind 1–3 Jahre

Einmal die Welt von oben sehen

Eine dicke Frau hatte viele bunte fliegende Luftballons. Die wollte sie gern verkaufen, denn Kinder freuen sich sehr darüber, wenn sie einen Luftballon in ihrer Lieblingsfarbe bekommen, der auch noch fliegen kann.

Damit ihr kein Ballon wegfliegen kann, hatte sie die Frau alle ganz fest an ihrer Schnur angebunden. Diese Schnur ließ sie niemals los, selbst dann nicht, wenn sie schlief. Doch ein kleiner roter Luftballon wollte so gerne einmal die Welt von oben sehen, er wollte so hoch wie die Wolken fliegen. Darum bat er die Frau, dass er dies einmal tun darf. Die Frau überlegte eine ganze Weile, dann schaute sie genau, ob dies für den kleinen Luftballon gefährlich sein könnte. Sie stellte fest, dass das Wetter gut war, es drohte kein Regen, kein starker Wind. Dann sah die Frau in den Flugplänen nach, damit bestimmt kein Flugzeug hier vorbeikommt. Schließlich erlaubte sie dem kleinen Luftballon, einmal in einem großen Kreis herumzufliegen. Der kleine Ballon musste aber versprechen, dass er danach sofort wieder brav zurückkommt. Der Luftballon versprach das und machte sich auf den Weg nach oben.

Ach, war das schön, so frei zu fliegen wie auf einer großen Schaukel. Der Luftballon konnte dabei tatsächlich alles von oben sehen. Er sah Kinder, die miteinander im Sand spielten und er freute sich darüber. Er sah zwei Hunde, wie sie einem geworfenen Stöckchen nachliefen, einer der beiden brachte das Stöckchen zu seinem Herrn zurück. Er sah ein paar Kühe gemütlich auf der Weide stehen, sie schauten ihm Gras kauend hinterher.

Er konnte all die sauberen Hausdächer und den golden glitzernden Kirchturm mit einem Engel darauf sehen. Doch plötzlich sah er auch die dicke Frau. Man konnte erkennen, dass sie besorgt nach ihm Ausschau hielt, dass sie traurig war, weil der kleine Ballon so lange weg war. Da vermisste der Luftballon alle seine Luftballonfreunde und die Kinder, die sich immer über die Ballons freuten.

Deshalb beschloss der kleine Ballon wieder zurückzukehren. Er ließ sich ganz langsam im Kreis immer weiter und weiter nach unten sinken, so lange, bis er wieder bei seinen Freunden und bei der dicken Frau war.

Glücklich legte er sich gleich als er heimkam in sein Bettchen, die Reise hatte ihn sehr müde gemacht. Noch lange träumte er von den vielen interessanten Dingen, die er von oben gesehen hatte.

Vorschulkind 3–6 Jahre

Die Klangschale Material: Klangschale(n)

Anleitung:

„Setze dich gerade und bequem hin. Du kannst in der kommenden Ruhephase deine Haltung ruhig ein wenig verändern, nur mache das so vorsichtig, dass du niemanden störst. Wenn es dir gefällt, kannst du nun die Augen schließen oder aber auch erst dann, wenn du das Bedürfnis dazu verspürst!

Ich lade dich nun zu einer Klangmeditation ein. Atme ruhig und gleichmäßig, spüre wie der Atem, wenn er in deinen Körper kommt, den Bauch ganz ausfüllt und beim Ausatmen die ganze Luft aus dem Bauch über deine Nase hinausströmt (...)
Spüre, wie sich dein Körper immer mehr entspannt! Dein Körper ruht auf dem Boden, spüre wie du den Boden berührst und spüre, wie der Boden dich trägt und stützt (...)
Lasse die Augen geschlossen. Ich schlage nun die Klangschale an (...)
Klangschale(n) anschlagen, zuerst leise, dann Lautstärke steigern und variieren.
Atme in den Klang hinein. Lass den Klang ganz in dich hineinströmen und spüre wie er dich erfüllt, stark und kraftvoll werden lässt, die Schwingungen dich immer mehr in Harmonie bringen (...)
Gebe dich immer mehr dem Klang und dem Schwingen hin (...)
Atme ruhig und tief (...)
Klangschale(n) anschlagen, leiser werden.
Achte auf deinen Atem (...)
Spüre, wie die Klänge langsam leiser werden und verklingen. Behalte ihre Schwingungen, ihre Ruhe und Harmonie in dir (...)
Atme tief und gleichmäßig (...)
Spüre, wie du auf dem Boden sitzt (liegst), wie der Boden dich trägt und stützt (...)
Atme nun noch zwei oder drei Mal tief ein, dehne und strecke dich dann, wie nach einem tiefen und schönen Schlaf und öffne wieder langsam die Augen.
Klangschale(n) noch einmal anschlagen und verklingen lassen."

(Gruber/Rieger, 2002, S. 113)

Schulkind 6–12 Jahre

Was ist Wirklichsein?

„Ein altes Schaukelpferd aus Holz stand im Kinderzimmer. Bereits viele Kinder hatten mit ihm gespielt und geschaukelt. Das Pferd war schon so alt, dass seine Farben abgeschliffen und verblasst waren, der Stoffsattel hatte Löcher, der einst schöne Schweif und die Mähne hatten nur noch wenig Haare.
Eines Tages kam der Kuschelteddy zum Pferd, das ja schon alt und weise war, und wollte von ihm wissen: „Pferd, sag mir, was ist *wirklich und echt sein*? Bedeutet dies, eine Batterie zu haben, sodass man sich richtig bewegen kann, oder bedeutet es, dass man in Einzelteile zerlegt werden kann, oder ist es wichtig, dass man viele Knöpfe und Griffe hat, oder ist man dann *wirklich*, wenn man aufgezogen werden kann?"
Das Pferd dachte nach, um dem Teddy darauf die richtige Antwort zu geben. Schließlich meinte es: „*Wirklich sein* ist nicht so wie man gemacht ist, sondern so, wie man geliebt wird. Wenn dich ein Kind so lieb hat, dass es lange und oft nur mit dir spielen will, wenn es dich am Abend mit ins Bett nimmt, weil es dich so gerne hat, wenn es dich oft mitnehmen will, dann ist es ganz egal, wie alt du schon bist, oder wie du aussiehst, dann bist du *wirklich*". „Sag mir Pferd, tut *wirklich sein* denn weh?" wollte der Teddy nun wissen. „Ja, manchmal kann es schon wehtun", antwortete das Pferd ehrlich.

„Tut dies dann nur einmal kurz weh, oder für immer?" fragte der Teddybär nun genau nach.
„Es geht nicht auf einmal, es dauert lange und es geschieht nach und nach. Deshalb passiert es denen die leicht kaputtgehen, oder denen an denen man sich verletzen kann, oder denen die sehr hart sind, sehr selten.
Auch die, die besonders schön bleiben wollen, bleiben meist unversehrt, so wie sie sind.
Aber die mit denen man kuscheln kann, verlieren oft ihre Augen, ihre Haare oder Körperglieder. Sie sind rissig, wackelig und hässlich geworden.
Doch all diese Dinge sind völlig unwichtig, denn wenn du *wirklich* bist, kannst du überhaupt nicht hässlich sein, oder wenigstens kannst du nur hässlich und wertlos sein für solche Menschen, die gar keine Ahnung haben, aber die zählen ja nicht."
„Nun glaube ich, dass *du wirklich bist*", meinte der Teddy. Und sofort befürchtete er, er könnte das Schaukelpferd damit wegen seines Aussehens beleidigt haben.
Aber das Pferd hatte einen leuchtenden Glanz in seinen sonst so trüben Augen und es lächelte versonnen vor sich hin."
(Gruber,/Rieger, 2002, S. 108)

Manch bekanntes Bilderbuch oder manche Geschichte eignen sich hervorragend zur Entspannung. Hier zwei Beispiele:
Die kleinen Leute von Swabedoo, (Verf. unbekannt), Bad Segeberg, Partisch und Röhling, 1986. Es geht darum, dass sich die Leute immer gegenseitig kleine Pelzchen schenkten, um den Anderen zu erfreuen, ihm damit zu sagen, dass man ihn mag. Bis schließlich eines Tages ein Kobold Zwietracht wollte, Neid, Geiz und Misstrauen schürte, wodurch der Brauch zu seinem Ende kam. Als ein kleines Mädchen von diesem längst vergessenen Brauch erfuhr, führte es ihn wieder ein, und die Leute waren wieder glücklich.

Lionni, Leo: Frederick, Weinheim, Baltz Verlag, 1967. Frederick ist einer von vielen kleinen Mäusen. Alle Mäuse sammeln fleißig den ganzen Sommer lang Vorräte für den Winter, nur Frederick saß einfach in der Sonne. Als ihn die anderen fragen, warum er sich nicht beteiligt, antwortet Frederick, er sammle fleißig Sonnenstrahlen für die dunkle Zeit und Farben, wenn dann alles grau und trostlos ist und Wörter dafür, wenn keiner mehr was sagen will. Als dann im Winter alle Essensvorräte aufgebraucht sind, alle frieren und hungern bietet Frederick seine Vorräte an: die Sonnenstrahlen wärmen, die Farben erfreuen, und mit den Wörtern können Geschichten erfunden werden.

Viele beliebte Bilderbücher lassen sich gut als Bewegungsgeschichte praktisch umsetzen.

Einige davon eignen sich aber auch wunderbar als Entspannungsgeschichten.

6.2 Spüren, Massieren und progressive Muskelentspannung

Bei der progressiven Muskelentspannung erfolgt die Anleitung, die Körperglieder nacheinander bewusst anzuspannen, um sie dann wieder zu entspannen. So wird schnell selber bemerkt, in welchem Körperteil man intensiv angespannt war und kann dadurch die Anspannung lockern.

Progressive Muskelentspannung wird nach Anleitung von jedem selbst ausgeübt.

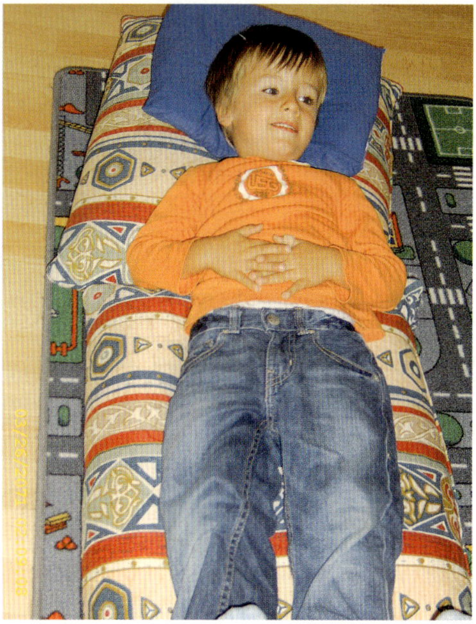

Bei der Massage durch einen Partner sind vor allem auf dem Rücken Wahrnehmung und bewusstes Spüren besonders angenehm. Schließlich haben wir hier besonders aufnahmefähige und empfindliche Nervenbahnen. Schon die Kleinsten können zu vorsichtigem Umgang miteinander angeleitet werden, wenn man sie dabei hilfreich begleitet.

Es gibt hierfür bekannte variierende Vorstellungsbilder, wie „Plätzchen backen", oder „Pizza backen", „Garten bepflanzen", „Wetterbericht" oder „Reinigungsarbeiten". Die Massagebewegungen können somit auf das gewählte Vorstellungsbild zugeschnitten werden, wie es das folgende Beispiel zeigt.

Vorschulkind 3–6 Jahre

Pizza backen

Ein Kind liegt auf der Matte auf dem Bauch, das andere Kind „bearbeitet" nun den Rücken des liegenden Kindes. Wir wollen dort eine köstliche Pizza backen:

Text:	**Spielhandlung:**
Zuerst brauchen wir, um eine gute Pizza zu backen, einen feinen Teig. Der wird aus einigen unterschiedlichen Zutaten gemischt. Als Erstes schütten wir etwas Mehl auf unser Backbrett.	*Mit den geöffneten Fingern beider Hände (Krallen) klopfen wir sanft den ganzen Rücken ab*

Als Nächstes brauchen wir Flüssigkeit, beim Pizzateig nehmen wir hierzu Wasser.	*Wir machen Bewegungen, als ob wir mit beiden Händen den Rücken des Liegenden waschen würden.*
Das müssen wir jetzt erst einmal zusammenkneten.	*Auf dem Rücken Knetbewegungen.*
Nun geben wir noch Salz in den Teig.	*Tröpfelnde Bewegungen mit den Fingern.*
Jetzt streuen wir ein wenig süßen Zucker in unseren Teig, so geht die Hefe besser auf.	*Kitzeln.*
Dann kommt die Hefe dazu.	*Beidhändig, kreisförmig über den ganzen Rücken.*
Jetzt müssen wir wieder alles fest durchkneten und vermischen.	*Knetbewegungen.*
So, jetzt können wir das Ganze schön glatt ausrollen, damit man es danach belegen kann.	*Mit offenen Händen patschen und streicheln.*
Als Nächstes kommt Tomatensauce auf den Teig.	*Mit geschlossenen Fingerspitzen sanft landen, auf dem Rücken zu geöffneter Hand ausstreichen*
Nun kommt Schinken drauf.	*Zickzacklinien.*
Und jetzt noch Käse dazu.	*Mit „Krallen" klopfen.*
Haben wir noch etwas vergessen?	*Ideen der Kinder einbeziehen!*
Dann schieben wir die Pizza in den Ofen und backen sie schön knusprig.	*Den ganzen Rücken fest heißreiben.*
Oh, das duftet ja fein, guten Appetit!	*Mit dem Gesicht über den Rücken kuscheln.*
Jetzt tauschen wir die Plätze Und der Andere kommt dran.	

Ballmassage

Material: Igelbälle oder Tennisbälle oder je ein Luftballon, entspannende Begleitmusik
Das zu massierende Kind liegt wieder bequem auf der Matte auf dem Bauch, das andere Kind hat je nach Alter einen, oder in jeder Hand einen Igelball (Tennisball), oder einen aufgeblasenen Luftballon.

Mit kreisenden Bewegungen wird nun der ganze Körper mit dem Ball bzw. den Bällen oder vorsichtig mit dem Luftballon (hierbei etwas Druck anwenden) abgerollt und massiert. Es kann unterschiedlich starker Druck angewendet werden, jedoch muss bedacht werden: Es soll gut tun, aber keine Schmerzen verursachen. Hier muss man die Kinder anleiten, weil sie das Feingefühl für Andere noch nicht so stark entwickelt haben. Der Liegende soll und darf sagen, was ihm besonders gut tut und was er vielleicht nicht mag.

Auch hier gilt, dass man danach dem Anderen durch den Rollentausch „zurückgibt", was er Gutes getan hat.

Geräusche und Schwingungen spüren

Alle Kinder legen sich auf eng zusammen geschobenen Matten auf den Boden, sodass jedes Kind seinen Kopf auf der Bauchmitte eines anderen Kindes hat, und auf seinem Bauch wieder der Kopf eines anderen Kindes liegt.
Wenn nun eines der Kinder spricht, kichert, summt, singt, brummt oder lacht, übertragen sich diese Schwingungen vom Bauch zum Kopf des Anderen, schließlich ist die ganze Gruppe miteinbezogen. Man kann den Kopf auch so drehen, dass das Ohr direkt auf dem Bauch liegt, sicher hört man so nun Schlucken, Gurgeln und andere Geräusche.

Schulkind 6 – 12 Jahre

Progressive Muskelentspannung

Die Kinder liegen mit dem Rücken alle bequem auf der Matte im warmen Raum, sodass keiner friert. Die Beine sind ausgestreckt, die Arme liegen neben dem Körper, die Handflächen zeigen dabei nach oben.
Nacheinander werden langsam die verschiedenen Körperteile angesprochen und die Kinder dabei aufgefordert, diesen Körperteil unabhängig vom restlichen Körper intensiv anzuspannen (ca. 5 Sekunden). Hierbei wird langsam von fünf rückwärts gezählt, damit die Kinder wissen wie lange sie noch anspannen sollen. Dann soll die Anspannung schnell gelöst werden.
Gleich danach folgt die Aufforderung, den angesprochenen Körperteil ganz locker zu lassen (ca. 2 Sekunden).

Es werden so nacheinander begleitend angesprochen:

- Hände,
- Arme,
- Gesicht,
- Schultern,
- Nacken,
- Hals,
- Brust,
- Bauch,
- Rücken,
- Beine,
- Füße,
- Zehen

Durch die intensive Anspannung werden Spannungen bemerkt, und es gelingt ein bewusstes Entspannen. Allerdings muss diese Anleitung mindestens zwei Mal wiederholt werden.

Kindermandala

Die Kinder liegen sternförmig so auf dem Boden, dass sich Füße und Hände berühren. So soll sich die Gruppe gemeinsam durch den Raum zu einem vorgegebenen Ziel bewegen, ohne eine der Verbindungen zu verlieren. (Dies gelingt nur durch gefühlvolles Schieben und Drücken etc.). Danach sollte über die Empfindungen und Erfahrungen gesprochen werden.

Lernfelder: Siehe auch bei:

- Ethik, ethische Erziehung
- Deutsch, Kommunikation
- Sozialkunde, Berufskunde
- Ökologie und Gesundheit
- Säuglingspflege
- Religionslehre, -pädagogik
- Praxis-, Methodenlehre, Medienerziehung
- Pädagogik, Psychologie
- Musik und Musikerziehung
- Sozialpädagogische Praxis

7

Gesundheitsbewusstes Bewegen

Das Wissen um gesundheitsbewusstes Bewegen ist durch viele Kampagnen der Krankenkassen und Ärzte inzwischen schon fast Allgemeingut. Mit der Umsetzung des Wissens in die täglichen Aufgaben und Bewegungen sieht es leider schon wieder völlig anders aus!

Unsere Wirbelsäule ist nicht konzipiert für Vieles was wir ihr zumuten.

Solange der Körper keine Probleme macht, ändert der Mensch schwer seine Gewohnheiten. Doch jeder von uns sollte sich angewöhnen, wirbelsäulenentlastende Bewegungen in den normalen Bewegungsablauf als Selbstverständlichkeit zu integrieren. Nur so können wir uns vor späteren Schmerzen, Schäden und Problemen schützen. Zudem sollten wir auch in unserem täglichen Bewegungsverhalten daran denken, dass wir hier den Kindern Vorbild sind.

Bereits Kinder müssen lernen, wie sie sich bewegen, um ihren Rücken zu schonen.

Es ist bekannt, dass ein Großteil der Grundschulkinder bereits deutliche Haltungsschwächen und Haltungsschäden aufweist, weil die Muskulatur verkümmert und die Beweglichkeit der Gelenke bereits in diesem frühen Alter stark nachlässt.

Die Wirbelsäule ist sehr beweglich, doch auch anfällig und empfindlich, sie enthält wichtige Nervenbahnen.

7.1 Rückengerecht Haltung bewahren

Um Schäden zu verhindern, sollten Kinder bereits in jungem Alter über ihr Rückgrat erfahren. Nur eine Wirbelsäule, die durch die sie umgebende Muskulatur gestützt ist, kann sich richtig entwickeln und ist stark.

Wir haben uns in diesem Buch bereits eingehend damit befasst, wie wir den kindlichen Bewegungsdrang fördern und unterstützen können. Dies ist bereits der erste und wichtigste Schritt für eine gesunde Wirbelsäule. Denn nur Muskeln und Gelenke die regelmäßig richtig beansprucht werden, können sich ausbilden und stärken.

Eine stichpunktartige Zusammenfassung der anatomischen Voraussetzungen in vereinfachter Form können wir uns nicht ersparen, damit wir Kindern die Zusammenhänge erklären können:

- Die Wirbelsäule besteht aus 24 beweglichen Einzelteilen, den Wirbeln (Hals-, Brust- und Lendenwirbel) sowie Kreuzbein und Steißbein. Sie trägt und hält den Rumpf und schützt darin befindliche Nervenbahnen. Um Belastungen besser standhalten zu können, hat die Wirbelsäule eine geschwungene S-Form.
- Bandscheiben liegen jeweils zwischen zwei Wirbeln, sie fungieren als Puffer, fangen also Erschütterungen etwas ab. Die Bandscheiben leben von Bewegung, nur durch das Abwechseln von Druck und Entspannung können Nährstoffe in die Zellen gelangen.
- Muskeln stützen die Wirbelsäule. Nur durch sie wird Bewegung und eine aufrechte Körperhaltung möglich.

Merkmale für eine gesunde Körperhaltung sind:

- der Rücken ist aufrecht und gerade
- das Becken bildet eine Linie mit dem Rest des Körpers
- Arme und Schultern hängen entspannt
- der Kopf sitzt frei zwischen den Schultern

Eine richtige und gesunde Körperhaltung kann erlernt werden.

Mit Kindern können folgende Übungen spielerisch gemacht werden.

Übungen mit einem Sitzball (Pezziball)

Die Übungen sollten jeweils intensiv gemacht werden.

Der Pezziball ist ein motivierendes Übungsgerät.

Kräftigen und Dehnen der Rückenmuskulatur

- Aufrecht sitzen, beide Fußsohlen stehen fest auf dem Boden. Nun kreisen wir 10x mit dem Becken auf dem Ball, die Füße bleiben auf dem Boden. Anschließend Richtungswechsel.

Rollst du öfter auf dem Ball, bringt dich so leicht nichts zu Fall.

- Gleiche Ausgangsstellung, Beckenkippen nach vorne und nach hinten, Füße bleiben wie zuvor.
- Gleiche Ausgangsstellung, Füße bleiben auf dem Boden, mit dem Becken federn wir nach oben und unten.
- Mit dem Bauch auf den Ball legen, zwischen den Armen und Beinen hin und herschaukeln. Evtl. dann vom rechten Arm zum linken Arm, zum linken Fuß, zum rechten Fuß.

Auf dem Ball der Bauch – rollt auch.

- Auf dem Ball sitzen, die nach oben gestreckten Arme mal nach rechts, mal nach links dehnen.

Das tut gut, die Arme strecken. Wirst es spüren und entdecken.

Richtiges Heben

Wer beim Bücken in die Hocke geht, belastet die Wirbelsäule dabei wesentlich weniger.

Bückst du dich nach einer Socke, geh dabei doch in die Hocke.

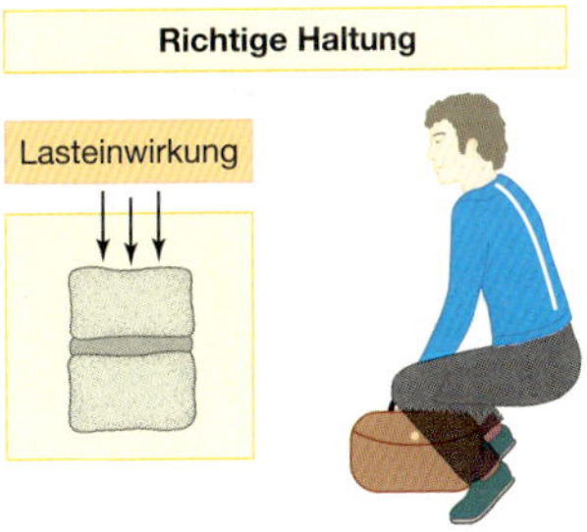

Richtiges Tragen

Schwere Dinge sollten gleichmäßig auf beide Arme verteilt werden, somit ist die Körperhaltung (von vorne aus gesehen) wieder gerade und nicht einseitig.

Gerade trägst du eine Last, wenn du ausgeglichen hast.

Sitzen

Nicht zuletzt sollten wir nun daran denken, dass statisches Sitzen sehr ungünstig für Rücken und Wirbelsäule ist. So kann bewusst überlegt werden, wodurch ein zu häufiges Sitzen der Kinder auf ihren Stühlen vermieden werden kann. Kann vielleicht der „Stuhlkreis" öfter einmal auch auf dem Boden auf Sitzkissen oder Teppichfliesen abgehalten werden? Der Schneidersitz zum Beispiel gibt der Wirbelsäule eine bessere Haltungsaufgabe.

Schließlich ist zu überlegen, welche Tätigkeiten nicht im Sitzen ausgeführt werden müssen. Sie werden sehen, Sie finden eine ganze Menge.

Und auch hier sollten Sie mit gutem Beispiel vorangehen, wenn Sie diese Bereiche mit Kindern besprechen.

Wir alle sitzen zu viel und zu statisch, dies tut der Wirbelsäule nicht gut.

Aufgabe:

Erfinden Sie eine kleine Erlebnisgeschichte. Planen Sie mithilfe dieser Geschichte rückenstärkende Übungen ein. Vermitteln Sie auch Grundwissen zum Thema Rücken und Wirbelsäule in Ihrer Geschichte.

Übungsbeispiele

Kleinkind 1–3 Jahre

Gegensätze

Ziele: Stärkung und Dehnung der Rückenmuskulatur
Raum: freier Nebenraum, Turnraum
Material: keines
Ausführung Der Vers wird rhythmisch gesprochen, dabei die Bewegungen den Kindern spiegelbildlich vorgemacht, diese sprechen mit, machen mit.
(Nach der Melodie des bekannten Volksliedes „Grün, grün, grün sind alle meine Kleider" kann der Text auch gesungen werden)

Text:	**Bewegungen dazu:**
Das ist hoch und das ist tief,	*Arme strecken, dann in die Hocke*
das ist gerade und das ist schief,	*Arme ausbreiten, gerade, dann schräg*
das ist dunkel und das ist hell,	*Hände vor die Augen, dann weg von den Augen*
das ist langsam und das ist schnell,	*Wollewickeln langsam, schnell*
das ist sich bücken und das sich strecken,	*Hocke, dann strecken*
das ist sich zeigen und das sich verstecken,	*Arme ausgebreitet, Hände vor die Augen*
das ist gehen und das ist stehen,	*auf der Stelle gehen, stehen*
das sich verbeugen und das ist sich drehen,	*sich verbeugen, dann drehen*

Vorschulkind 3–6 Jahre

Ziele: Stärkung und Dehnung der Rückenmuskulatur, Beweglichkeit, Ausdauer, Kraft
Raum: Turnraum
Material: Schaumstoffbälle, Matten, Baumwolltücher

Ausführung

Kreuz und quer: Kinder laufen auf allen Vieren durch den Raum, wenn sich dabei zwei begegnen, erhebt einer davon den Rücken (gestreckte Arme und gestreckte Beine auf dem Boden), der andere kriecht unten durch. Wichtig ist dabei, dass man bei der nächsten Begegnung das Gegenteil macht (abwechselnd oben drüber, unten durch)

Krabbelkäfer: Kinder liegen auf dem Rücken, fahren mit Armen und Beinen Rad. Ein oder mehrere Schaumstoffbälle werden dabei von Kind zu Kind geworfen.

Trockenschwimmer: Ein Partner befindet sich in Bauchlage, er macht Schwimmbewegungen in der Luft. Arme und Beine sollten dabei den Boden möglichst nicht berühren. Der Andere versucht, beim Erheben der Arme oder Beine schnell einen Ball durchzurollen. (Rollenwechsel)

Rückenschaukel: Zwei Kinder befinden sich gegenüber, sie gehen in die Hocke, werden zu einem ganz kleinen engen Päckchen, die Arme umschließen die Unterschenkel. So gleichzeitig nach hinten und vorne schaukeln. Bei jedem Hochkommen schneidet man dem Partner eine lustige oder grässliche Grimasse.

Kräfte messen: Zwei Kinder versuchen sich gegenseitig aus ihrem breitbeinigen Stand von der Matte zu schieben, bzw. umgekehrt sich nicht vom Platz schieben zu lassen.

Tuchklau: Ein Partner liegt auf dem Boden mit ausgestreckten Beinen. Unter seiner Lendenwirbelsäule liegt ein Baumwolltuch. Das andere Kind versucht schnell und plötzlich dieses Tuch wegzuziehen. Das liegende Kind muss die Lendenwirbel so schnell auf den Boden drücken (Körperspannung), dass dies nicht gelingt. (Anschließend Rollenwechsel)

Schulkind 6–12 Jahre

Ziele: Stärkung und Dehnung der Rückenmuskulatur, Beweglichkeit, Ausdauer, Koordination, Kraft
Raum: Turnraum
Material: keines

Ausführung

Schrankenwärter: Die Hälfte der Gruppe liegt in Seitenlage auf dem Boden, die obere Hand stützt vorne ab. Die anderen Kinder krabbeln durch den Raum, bei jedem Liegenden wird die Schranke geöffnet, d.h. das obere Bein wird so nach oben gestreckt, dass das andere Kind durchkrabbeln kann. (Seitenwechsel, Rollenwechsel)

Knie grüßt Ellbogen: Im Stand berührt der rechte Ellbogen das linke (angezogene) Knie und umgekehrt.

Fangen mit Erlösung: Ein Fänger schlägt eines der anderen Kinder ab, dieses bleibt stehen, kann aber wieder erlöst werden, indem ein anderes Kind durch dessen gegrätschte Beine krabbelt.

Krebsfangen: Die Kinder bewegen sich im Krebsgang (auf allen Vieren, aber mit dem Gesicht nach oben). Es gibt einen Fänger im normalen Vierfüßlergang (darf nicht auf Knie!). Ist ein Krebs so abgeschlagen, wird er auch zum Fänger und darf sich umdrehen (wichtig, da der Krebsgang nicht so lange möglich ist).

Variation: Die letzten zwei Aufgaben im Rückwärtsgang.

Ausgleichsübung: Im Fersensitz den Kopf auf den Boden, die Arme nach hinten ablegen, ein paar Atemzüge ruhig durchatmen.

Rollbrettfahrer: Fahrten auf dem Rollbrett in Bauchlage, mit den Händen anschieben, auch hier kann man Fang- und Geschicklichkeitsaufgaben einbauen. (Vorsicht, nicht die Finger unter die Räder bekommen!)

Fahrt ins Grüne

Bewegungsgeschichte zum Erzählen und Mitmachen

Familie Rückert will ein Picknick machen. Wollt Ihr mitkommen? Dann macht den Rückerts einfach alles nach. Die im Text fettgedruckten Stellen verraten, was zu tun ist.

Sonntagmorgen um neun ist bei den Rückerts die Welt in Ordnung: alle **liegen** noch im Bett und dösen vor sich hin. Aber nach und nach werden sie munter und **gähnen** und **räkeln und strecken** sich ausgiebig, **setzen sich auf die Bettkante** und **stehen schließlich langsam auf**.

Ab ins Bad unter die Dusche! Sich dort **von Kopf bis Fuß einseifen** und **im warmen Sprühregen drehen**. Wie immer lassen alle nach dem Trockenrubbeln das Handtuch einfach fallen. Aber Mutter Rückert schimpft, sie hat es satt, hinter allen herzuräumen. Also **hebt jeder sein Handtuch wieder auf (mit geradem Rücken in die Hocke gehen)** und **hängt** es ordentlich ganz weit **oben auf die Wäscheleine**.

Nach dem Frühstück das **Zähneputzen** nicht vergessen, doch dabei **aufrecht vor dem Waschbecken stehen und in den Spiegel schauen**.

Jetzt müssen alle notwendigen Sachen für unseren Ausflug zusammengesucht werden (**alle krabbeln auf allen Vieren kreuz und quer**).

Dann wird der Brotzeitkorb gepackt. Die Joghurts stehen natürlich mal wieder ganz hinten im Kühlschrank (**mit geradem Rücken in die Hocke gehen und den Arm ausstrecken, kreisen**). Nun noch schnell in den Keller und in den Speicher flitzen und die Decke, Handtücher, Getränke holen. Die **Treppe** (Langbank) **nach oben und unten steigen**, alles in zwei Taschen packen beim Bücken den Rücken gerade halten, die Gemeinsam wird der inzwischen recht schwere Brotzeitkorb und das restliche Gepäck nach draußen **getragen (in die Hocke gehen und mit geradem Rücken anheben)** und auf den Fahrrädern befestigt.

Es kann losgehen! Die Rückerts **treten kräftig in die Pedale** (auf den **Rücken legen und Rad fahren**). Bald haben sie ein kleines Wäldchen erreicht. Auf einer Lichtung halten sie an, **laden das Gepäck ab** und **breiten** die mitgebrachte **Wolldecke aus**. Alle sind schon wieder ziemlich hungrig. Der Brotzeittisch ist schnell gedeckt und die Rückerts lassen es sich schmecken (**auf dem Boden im Schneidersitz**).

Danach erkunden sie gemeinsam den Wald rund um ihren Rastplatz: sie **kriechen** durchs Gebüsch, **balancieren** über einen Baumstamm, **rollen** einen Berg hinunter, **klettern** über einen Zaun und gelangen schließlich zu einem kleinen See. Alle **waten** am Ufer durchs Wasser, iih, ist das kalt! (**Storchengang**), dann trauen wir uns doch etwas zu **schwimmen**.

Im Wald wird's langsam dämmrig, es ist Zeit nach Hause zu **strampeln. Wir laufen** das kleine Stück bis zu den Fahrrädern.

An diesem Abend sind die Rückerts ziemlich müde, aber auch ganz schön schmutzig. Nach dem **Duschen und Zähneputzen** legen sich alle ins Bett und cremen sich noch **gegenseitig den Rücken** ein, damit bloß keiner einen Sonnenbrand bekommt.

7.2 Ersatzaufgaben für „verbotene Übungen“

Es existieren immer noch einige Übungen im Sport, die über viele Generationen so weitergegeben wurden. Sie dienen meist einer festen Bauchmuskulatur. Leider schaden diese Übungen aber der Wirbelsäule und den Bandscheiben beträchtlich, wie Sportärzte herausfanden.

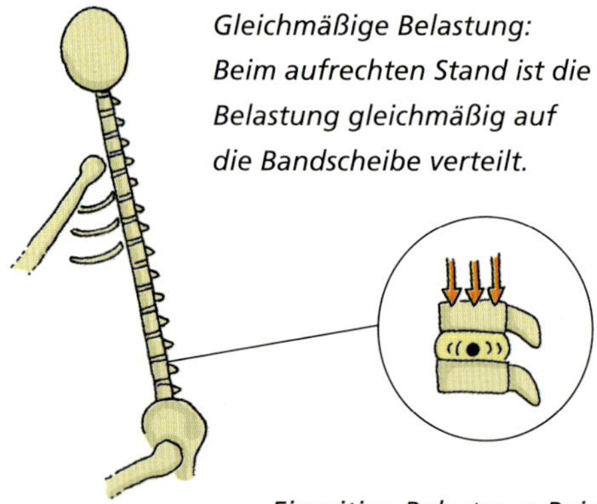

Gleichmäßige Belastung: Beim aufrechten Stand ist die Belastung gleichmäßig auf die Bandscheibe verteilt.

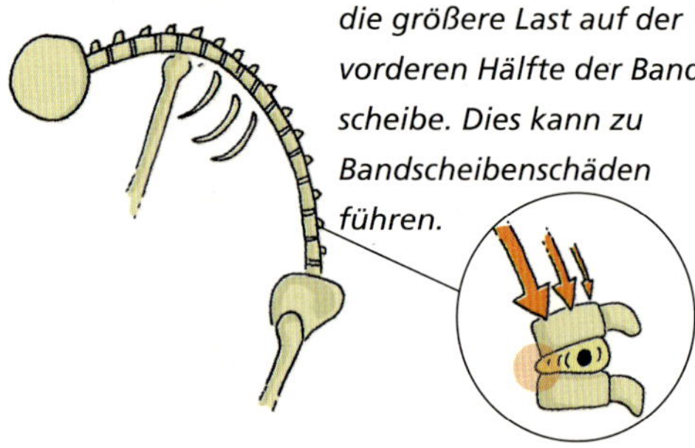

Einseitige Belastung: Beim Beugen nach vorn, liegt die größere Last auf der vorderen Hälfte der Bandscheibe. Dies kann zu Bandscheibenschäden führen.

Stellen Sie sich die Wirbelsäule als Balkenwaage vor. Der Mittel- oder Wendepunkt wäre dabei die Lendenwirbelsäule. Wenn wir aufrecht stehen, ist nicht so viel Belastung auf einer der beiden Seiten, da sie vom Wendepunkt gesehen übereinander stehen. Wenn wir uns aber mit gestreckten Beinen nach vorne beugen, bildet der ganze Oberkörper eine Belastung auf der einen Seite, während die andere Seite hierzu keinen Ausgleich hat. Dies bedeutet für uns, dass die Lendenwirbelsäule bei entsprechender Belastung immer unterstützt, d.h. aufliegend sein soll. Deshalb sind altbewährte Übungen, die diese naturwissenschaftliche Erkenntnis nicht beachten, für ein gesundheitsbewusstes Bewegen verboten. Es gibt aber entsprechende Ersatzübungen, die die gleichen Muskelbereiche trainieren.

Manche Kraft- und Gymnastikübungen schaden den Bandscheiben, sie sind deshalb verboten.

Bisherige Übung:	Ersatzübung:
Klappmesser *Ziel:* Kräftigung der Bauchmuskulatur *Problem:* zu starke Belastung der Lendenwirbelsäule	Rückenlage, beide Beine aufgestellt, die Fersen drücken in den Boden, Kopf und Schultern abheben, Arme in Vorhalte. *Dynamisch* mit langsamem Auf- und Abrollen, oder *statisch* als Haltearbeit
Beinkreisen in Sitz- und Rückenlage *Ziel:* Kräftigung der Bauchmuskulatur *Problem:* starke Lendenwirbelsäulenbelastung, da Gewicht (Balkenwaage) und langer Hebel der Beine, Hohlkreuz bewirken.	Siehe obere Übung

Bisherige Übung:	Ersatzübung:
Gestreckte Beine des Partners bei fixiertem Oberkörper Richtung Boden werfen (Partner soll **abfangen**). *Ziel:* Kräftigung der schrägen Bauchmuskulatur. *Problem:* Überlastung der Lendenwirbelsäule, der Schwung wird meist im Hohlkreuz abgefangen.	Zwei Partner liegen vis-à-vis nebeneinander. Sie legen jeweils die außen liegende Hand aneinander und drücken fest.
Sit ups mit fixierten Beinen *Ziel:* Kräftigung der Bauchmuskulatur *Problem:* die im Nacken verschränkten Hände wirken zu starken Zug auf die Halswirbelsäule aus. Vorrangig werden hier die Hüftbeuger trainiert.	Ablegen der Unterschenkel auf kleinem Kasten, Rumpf einrollen Schulterblätter vom Boden abheben, Arme locker an der Seite halten.
Übungen in Rumpfvorhalte mit gestreckten Knien *Ziel:* Kräftigung der Rückenmuskulatur. *Problem:* Gewicht (Balkenwaage) und langer Hebel des Oberkörpers verursachen zu hohe Lendenwirbelsäulenbelastung.	Rumpfvorhalte mit gebeugten Knien und geradem Rücken.
Ballwurf in Bauchlage *Ziel:* Kräftigung der Rückenstrecker. *Problem:* Hohlkreuz durch Aufrichten, zu hohe Lendenwirbelsäulenbelastung.	Oberkörper in Bauchlage wenig anheben, Stirn zeigt zu Boden.
Entengang und Kosakentanz *Ziel:* Kräftigung der Beinmuskulatur *Problem:* zu starke Belastung der Kniegelenke (Miniskus und Bänder).	Kontrollierte Kniebeugen bis max. 90° (Skiabfahrtstellung) oder an der Wand, Rücken bleibt gerade.
Rumpfvorbeugen im Stand evtl. mit Schwung (Holzhackerübung) *Ziel:* Dehnung von Lendenbereich hinteren Oberschenkelmuskeln *Problem:* überhöhte Belastung der Bänder, Muskeln und Bandscheiben, Schwung und Federn dehnen keinen Muskel.	Zusammenkauern, Päckchensitz verursacht Rückenmuskulaturdehnung.
Diagonales Rumpfbeugen im Stand *Ziel:* Dehnung der Rumpfvorderseite. *Problem:* überhöhte Lendenwirbelsäulenbelastung, Hohlkreuz.	In Rückenlage ausstrecken, Arme neben dem Kopf ablegen, Lendenwirbelbereich zu Boden drücken.

Bisherige Übung:	*Ersatzübung:*
Brücke *Ziel:* Dehnung der Rumpfvorderseite. *Problem:* Probleme für Wirbelsäule und Bandscheiben.	Keine Alternative, da Überbeweglichkeit in der Wirbelsäule für den menschlichen Körperbau ungeeignet, unerwünscht ist.
Bauchwippe *Ziel:* Kräftigung der Rückenmuskulatur. *Problem:* Hohlkreuz, Schädigung Lendenwirbelsäule ist möglich.	Wechselseitiges diagonales Heben jeweils eines Armes und Beines in der Bauchlage oder Vierfüßlerstand.
Rumpfvorbeugen im Strecksitz *Ziel:* Dehnung der hinteren Oberschenkelmuskulatur. *Problem:* Überlastung der Lendenwirbelsäule, ggf. Zug durch Partner.	Ein Bein liegt auf der Schulter des knienden Partners, Oberschenkelrückendehnung durch leichtes Schultervorbeugen des Partners.
Diagonale Rumpfbeugen in Grätsche *Ziel:* Dehnung der Rückenstrecker. *Problem:* Überbeanspruchung der Wirbelsäule (Drehpunkt im Lendenbereich).	Im Vierfüßlerstand die Wirbelsäule nach oben drücken (Katzenbuckel).
Kopfkreisen *Ziel:* Mobilisation Halswirbelsäule. *Problem:* zu hohe Belastung auf Gelenke, Bänder und Zwischenwirbelscheiben (Schleudertrauma) Die Halswirbelsäule ist kein Kugelgelenk!	Langsam, kontrolliert, angenehm vorbeugen, drehen und neigen nach rechts und links. Rückbeugen ausnehmen.
Rumpfkreisen *Ziel:* Mobilisation von Rumpf und Hüfte. *Problem:* Wirbelsäule ist für schwungvolle Rotationsbewegungen nicht konzipiert. Bedeutet Fehl- und Überbelastung der Lendenwirbelsäule.	Wirbelsäule langsam auf- und abrollen, langsames Seitneigen nach rechts und links, Hohlkreuz vermeiden.
Rollbewegung rückwärts (Pflug) *Ziel:* Dehnung der Rückenstrecker. *Problem:* auf Brust- und Halswirbelsäule übermäßige Belastung durch das Körpergewicht.	Päckchensitz, Päckchen in Rückenlage, Embryohaltung in Seitenlage.
Bauchwippe (Schwalbennest) *Ziel:* Dehnung der Rumpfvorderseite. *Problem:* unfunktionelle Verstärkung des Hohlkreuzes, Schädigung der Lendenwirbelsäule.	Rückenlage, Arme neben dem Kopf ablegen, strecken, es darf nur angenehm, nie schmerzhaft sein.

Bisherige Übung:	Ersatzübung:
Aufhängen mit Partner Rücken an Rücken	
Ziel: Dehnung der Rumpfvorderseite. *Problem:* Überbelastung der Lendenwirbelsäule. Durch das Festhalten entsteht eine Gegenspannung, die eine Dehnung verhindert.	Dehnung der Brustmuskulatur: Strecksitz, Partner steht dahinter zieht an den Armen und sein eigenes Bein nach oben, hinten (dabei einatmen).
Schwungvolles Rumpfvorbeugen im Lang- und Grätschsitz	
Ziel: Dehnung der hinteren Oberschenkelmuskulatur. *Problem:* Überlastung der Lendenwirbelsäule, des hinteren Längsbandes. Erwirkt kaum Dehnung der hinteren Oberschenkelmuskulatur.	Dehnung der Oberschenkelmuskulatur in Rückenlage, ausgestrecktes Bein liegt am Boden, gebeugtes Bein wird unterhalb des Knies mit Händen fixiert und herangezogen.

7.3 Fußgymnastik, nicht nur für Kinder

Wie der gesunde Rücken, spielen auch unsere Füße eine tragende Rolle. Gesunde Füße sind äußerst wichtig, es lastet doch ein Leben lang unser gesamtes Körpergewicht auf ihnen. Bindegewebs- und Muskelschwäche sind die wesentliche Hauptursache von Fußschäden. Doch hier können wir durch gezielte Übungen die Muskulatur kräftigen. Durch gezielte Greif- und Beugebewegungen wird die Beweglichkeit der Zehen, sowie die Muskulatur gestärkt.

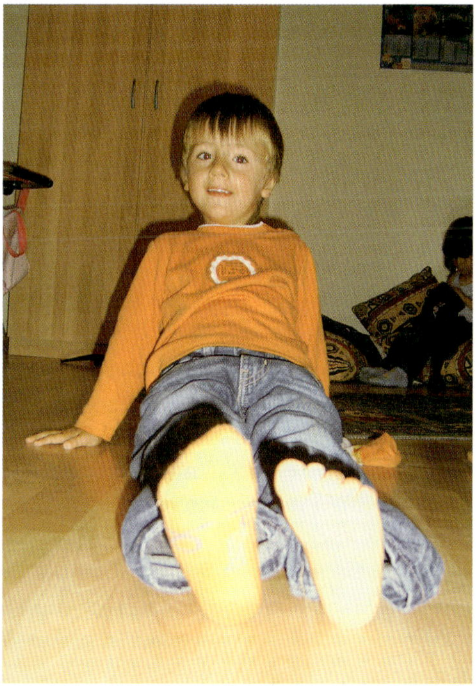

Wir haben uns schon in früheren Kapiteln damit befasst, dass es ungünstig ist, wenn Kinderfüße den ganzen Tag in Schuhen eingesperrt sind. Deshalb werden die Übungen so weit möglich, barfuß oder wenigstens in Socken gemacht.

Fußgesundheit kann durch gezielte Übungen erreicht werden.

Übungsbeispiele

Kleinkind 1–3 Jahre

Massieren und Greifen

Ziele: Beweglichkeit und Kraft der Fußmuskulatur und Gelenke
Raum: egal, Lage des Kindes auf dem Boden auf einer Decke
Material: Feder, weiche Bürste, und Ähnliches

Ausführung

Durch Ausstreichen mit den Fingern, Spiel mit den Zehen gibt man den nackten Füßen (evtl. beim Wickeln) Anreiz, zu Greifübungen der Zehen, sowie zu Drehübungen der Fußgelenke, dies geschieht mit oder ohne Material.
Kitzeln der Fußsohlen regt zudem eine Reaktion an.

Vorschulkind 3–6 Jahre

Ziele: Stärkung der Fußmuskulatur, Wahrnehmung, Koordination, Reaktion
Raum: Turnraum, freier Nebenraum, Garten
Material: Korb mit Chiffontüchern, Decke, Igelball, Wäscheklammern, Korken, Schuhkartons, Fühl- und Naturmaterial (z. B. Sand, Steinchen, Gras, Zapfen)

Ausführung

Begrüßung: Die Kinder sitzen auf dem Boden im Kreis und begrüßen sich mit den Füßen: winken mit einem, mit dem anderen Fuß, winken nur mit Zehen, klatschen mit den Füßen, trampeln und stampfen.
Chiffontücher: werden im Kreis weitergereicht, so lange, bis das eigene Tuch wieder da ist.
Durch die Halle gehen, und mit den Füßen mit den Chiffontüchern jedem winken (Fußwechsel).
Um die Tücher herum Kreise und Schlingen in der ganzen Halle laufen, d. h. kein Tuch darf dabei betreten werden. Dann werden die Tücher alle aufgesammelt (mit Füßen), und in den Korb gelegt.
Verstecken und Finden: unterschiedliche Gegenstände sind unter einer Decke versteckt, mit den Füßen suchen wir, und stellen fest, was wir da alles finden, natürlich ohne nachzusehen.
Kuschelfüße: Dann können wir unter der Decke die Füße gegenseitig liebkosen, streicheln und miteinander kuscheln (natürlich nur Füße mit Füßen)
Fühlstraße: In möglichst vielen Schuhkartons befinden sich unterschiedliche Materialien zum Reinsteigen und zum Fühlen für die Füße. Zuerst probieren wir das Ganze sehend, danach lassen wir uns mit geschlossenen Augen von einem Freund führen.

Schulkind 6–12 Jahre

Ziele: Stärkung der Fußmuskulatur, Wahrnehmung, Koordination, Reaktion
Raum: freier Nebenraum, Turnraum, Garten
Material: Handtücher, Würfel, Seile, Gummilitze, Kreide, Socken für alle in der gleichen Farbe (blau), Wachsmalkreiden, großes Papier, Schminke, Schleifen

Ausführung

Würfeln: Wir würfeln mit den Füßen, und legen dann die gewürfelte Zahl mit dem Seil
Kampf um das Handtuch: Zwei Kinder sitzen sich gegenüber mit einem Handtuch zwischen sich. Beide versuchen nun, das Handtuch mit ihren Füßen zu erobern.
Malen: Auf großem Papier können mit dicken Wachsmalstiften einfache Bilder mit den Füßen gemalt werden.
Blaufüßlerland: Alle Kinder bekommen blaue Socken, wir turnen in diesen Socken, gehen in das Blaufüßlerland. So verpackt kann man sämtliche Übungen anbieten in einer Begleitgeschichte: auf Zehenspitzen gehen, auf den Hacken, in der Hocke, hüpfen, federn etc. Nur Vorsicht, dass niemand ausrutscht.
Fußtheater: Hinter einem Vorhang, der ca. 20 cm oberhalb des Bodens aufhört, kann ein Fußtheater vorgespielt werden (z. B. halbe Gruppe sieht zu, danach Wechsel)
Lustig ist dies, wenn z. B. über die großen Zehen unterschiedliche Schleifen gebunden wurden, das sind die unterschiedlichen Rollen, Schauspieler.
Eine andere Methode des Fußtheaters findet im Sitzen der Schauspieler statt, dabei wurden die Fußsohlen mit Gesichtern bemalt.
Gummitwist, Spring- und Hüpfspiele, Kästchenhüpfen etc. (siehe auch Seite 38 und 160 f.)

Lernfelder: Siehe auch bei:

- Sozialkunde, Berufskunde
- Pädagogik und Psychologie
- Säuglingspflege
- Praxis-, Methodenlehre, Medienerziehung
- Ökologie und Gesundheit
- Sozialpädagogische Praxis

8

Mathematik und Naturgesetze im Turnsaal probieren, begreifen, verstehen

Jede Bewegung folgt physikalischen und mathematischen Regeln, denn in jeder Bewegung stecken Energie, Tempo, Beschleunigung und ein Wechsel aus Anziehungskraft und Fliehkraft.

Wer die Geometrie begreift, vermag in dieser Welt alles zu verstehen. (Galileo Galilei, 15. Jh.)

Der Bayerische Bildungs- und Erziehungsplan spricht von „vorhandener Neugier und natürlichem Bewegungsdrang", und davon, diese kindliche Voraussetzung „auch hinsichtlich des Umgangs mit Zahlen, Mengen und geometrischen Formen zu nutzen." (vgl. Eirich, 2003, S. 131)

Schon Maria Montessori hob das „Vergessen von Raum und Zeit" hervor, das für Kinder typisch ist, wenn sie mit bestimmten Aufgaben beschäftigt sind.
Kinder sollen also durch eigenständiges Tun ihre Umwelt erfahren, um auf dieses ursprüngliche Wissen aufzubauen, ihre Zukunft selbstbestimmt zu meistern.
Es ist längst erwiesen, dass Kleinkinder in der Lage sind, einen Zusammenhang aus „Wenn … dann …" herzustellen. Auf diese Erkenntnis bauen Kinderserien wie „Die Sendung mit der Maus", oder „Löwenzahn" auf.
Gerade in und mit Bewegung fällt es leichter, kausale Zusammenhänge *begreifbar* zu erleben. Kinder lernen, wie verschiedene Objekte zueinander in Beziehung stehen bezüglich Größe, Form, Farbe etc. Sie sollen messen, wiegen und ordnen.
Der BEP benennt unter anderem Phänomene wie Hebel, Waage, schiefe Ebene und Rad. All dies zu ergründen, Ursachen und Bedingungen zu finden, bietet sich bei der Bewegungsbaustelle geradezu an.

Alle Bereiche unseres täglichen Lebens stehen mit Mathematik und Naturwissenschaft in Verbindung.

Mathematik ist seit jeher eine Anwendungswissenschaft. Kein Gerät, keine Maschine, kein Handel war je ohne Mathematik vorstellbar. Konkrete Probleme sind die größte Herausforderung für unser Denken. Vorstellungskraft, Überblick über Wege und Möglichkeiten und das Erkennen richtiger Lösungen sind hier gefragt.

Grundsätzlich stellen wir mithilfe der Mathematik Größen und Relationen fest. Dies geschieht, mittels Zahlen und Formen. Mathematik arbeitet mit den Gesetzmäßigkeiten, die vielfach bereits von Gelehrten des Altertums entdeckt wurden. Diese ergeben sich aus Zahlen, Mengen und den geometrischen Formen. Die Regeln die damals erkannt wurden, gelten heute noch.

Die im Altertum entdeckten Regeln der Mathematik gelten noch heute.

Übungsbeispiele

Kleinkind 1–3 Jahre

1, 2 oder 3?

Ziele: Begreifen der Menge, Reaktion, Koordination, Gemeinschaft, Spaß, Kooperation,
Raum: Turnraum, freier Nebenraum **Material:** Triangel, Reifen in Menge der Kinder
Spielregel: Die Reifen werden im Raum auf dem Boden ausgelegt, jeder Reifen ist ein Haus, jeweils ein Kind sitzt in einem Haus. Als nächstes laufen die Kinder durch den Raum, achten auf den Klang der Triangel. Wenn sie ertönt, treffen sich so viele Kinder in einem Haus, wie Töne erklangen (also 1 x, 2 x oder 3 x Triangel anschlagen)

Vorschulkind 3–6 Jahre

Wie viele jetzt?

Ziele: Zahlenverständnis 1–10, Reaktion, Koordination, Kooperation, Beweglichkeit, Gemeinschaft, Spaß
Raum: Turnraum, freier Nebenraum **Material:** Bewegungsmusik
Spielregel: Die Kinder laufen zu Musik durch den Raum. Bei Musikstopp folgt eine Anweisung (Zahl zwischen 1 und 10) wie viele Beine auf dem Boden sein sollten.
Die Kinder reagieren schnell, genau so viele „Beine", also Körperteile die den Boden berühren, auf dem Boden zu haben. Erlaubt sind Beine, Hände, Kopf, aber vor allem sollte mit anderen Kindern kooperiert werden und es ist viel Fantasie erforderlich, um die entsprechenden Gebilde zu gestalten. (Beispiel Zahl 5: zwei „Beine" von mir, drei von meinem Freund, doch sonst darf nichts den Boden berühren. Natürlich besichtigen wir dann die jeweiligen Gebilde und zählen gemeinsam nach.

Kästchenhüpfen

Kästchen aus Teppichfliesen oder mit Kreide aufmalen.

Schulkind 6–12 Jahre

Vieltorfußball

Ziele: Zahlenverständnis, Plus und Minus, Beweglichkeit, Kooperation, Spaß, Reaktion, Koordination, Regelverständnis, Gemeinschaft

Raum: Turnraum, Garten

Material: Zahlenwürfel, je Kind zwei leere Dosen als Torbegrenzung, Ball, je Kind ein leeres Gefäß und 6 (oder nach Bedarf mehr) Zählsteinchen (kleine Kieselsteine)

Spielregel: Fußball, wobei bei einer quadratischen oder runden Fläche jeder sein eigenes Tor anhand von zwei leeren Dosen baut, alle Tore sind jedoch gleich groß.
Als erstes wird gewürfelt. Die Augenzahl gibt an, wie viele Torschüsse der Würfler hat, egal auf welches der Tore. Bei einem Treffer darf ein Spielstein ins eigene Zählgefäß. Wenn alle dran waren, können die eigenen Treffer gezählt werden.

Variation: Abgefangene Bälle im eigenen Tor zählen auch als eigene Pluspunkte. Es kann hier mit Plus und Minus gearbeitet werden, wenn ein Nichttreffer einen Minuspunkt ergibt.

Beim Erleben, Überprüfen und Verstehen von Naturgesetzen wirkt auf Kinder alles faszinierend, was mit Geschwindigkeit in Zusammenhang steht. Hier machen sie Erfahrungen mit Beschleunigung, Hangabtriebskraft, mit Reibung, mit freiem Fall, mit der Schwerkraft, Schleuderkraft, Fliehkraft sowie mit dem Rotationsgesetz, mit Luftwiderstand und mit dem Energieerhaltungsgesetz.

Wie aber können diese Erfahrungen nun erlebbar gemacht werden und welche Möglichkeiten bieten sich dabei in Bewegung an?

Womit können Fliehkraft, Hebelwirkung, Waage und Gleichgewicht, Reibung, Luftwiderstand, Erdanziehung, Rollen und Beschleunigung ausprobiert werden? Welche Möglichkeiten ergeben sich für mathematisches Grundverständnis durch Bewegung?

Viele Naturgesetze können in und mit Bewegung erlebbar, und damit begreifbar gemacht werden.

Fliehkraft entsteht bei allen Drehbewegungen. Im Karussell oder mit einem Kreisel können wir dies schnell nachempfinden, ebenso wie bei allen eigenen drehenden Bewegungen.
Fliehkraft oder Zentrifugalkraft ist die Kraft, die durch Rotation bewegte Körper von ihrem Zentrum nach außen fortzuziehen versucht. Diese Kraft kann erst dann entste-

hen, wenn der zu bewegende Körper bereits in Bewegung ist, sie versiegt, wenn diese Voraussetzung nicht mehr gegeben ist, also wenn der Körper zum Stillstand kommt.

Die **Hebelwirkung** beruht auf dem Hebelgesetz. Es besagt, dass eine schwere Last mithilfe eines langen Kraftarms, z. B. Schaufel, Holzbrett o. Ä. sehr viel leichter gehoben werden kann als ohne Hilfsmittel. Schiebt man z. B. eine Schaufel unter einen großen Stein, lässt sich dieser leichter anheben als ohne Schaufel. Der Grund: Beim Herunterdrücken legt der Schaufelstiel einen längeren Weg zurück als der Stein selbst beim Hochgedrücktwerden zurücklegt. Längerer Weg → mehr Kraft.

Waage und Gleichgewicht sind gut erfahrbar auf einer Wippe, denn zwei Kinder gleichen Gewichts können sich gegenseitig hier ausbalancieren. Die Waage bestimmt das Gewicht von Körpern, indem sie das Gewicht auf den beiden Seiten miteinander vergleicht. Vom Kaufmannsladen kennen Kinder bereits das Verfahren, Dinge abzuwiegen und somit die Mengen zu vergleichen.

Reibung ist auf einer schiefen Ebene (Rutschbahn) gut zu überprüfen. Warum landen wohl verschiedene Gegenstände unterschiedlich schnell unten?

Luftwiderstand: warum fällt ein ausgebreitetes Zeitungsblatt langsamer zu Boden als ein zerknülltes?
Zur Reibung benötigen wir Druck (physikalisch: Kraft pro Fläche) und Reibung erzeugt Wärme (physikalisch: Energieumwandlung). Was bedeutet: je höher die Reibung, desto höher die Energieumwandlung (hier in Wärme). Wir erkennen dies daran, dass Bremsen eindeutigen (bei Bewegung meist gewollten) Energieverlust bedeutet, Energie, die in die Bewegung investiert wurde, wird reduziert, sie setzt sich jedoch in Wärme um (Bremse wird heiß). Je glatter die Oberfläche, desto weniger Energie wird in Wärme umgesetzt. Was bedeutet, wenn die Rutschbahn aus Metall (also sehr glatt) ist, rutscht alles schneller nach unten. Wenn sie etwas rauer wäre, würde mehr Wärme erzeugt, die Bewegung würde gebremst. Die erzeugte Wärme reduziert jedoch die Bewegungsenergie.

Reibung und Luftwiderstand sind auf dem Spielplatz zu erproben.

Erdanziehung macht sich immer dann bemerkbar, wenn etwas zu Boden fällt. Wir bemerken dies schnell, wenn wir uns zu wenig umsichtig bewegen, dass auch uns die Erdanziehung einholt. Die Kraft die Gegenstände anzieht besagt, dass auf der Erde alles nach unten fällt. Jedoch geschieht dies (wegen des Luftwiderstands) umso schneller, je höher Materialdichte und Gewicht des Gegenstandes sind. Wir können beispielsweise verschiedene Gegenstände von einer Erhöhung nach unten werfen und zuvor überlegen, welcher wohl schneller fällt (z. B. Ball oder Luftballon). Warum ist dies so?

Die Phänomene **Rollen** und **Beschleunigung** kommen mit sämtlichen Fahrzeugen zum Einsatz. Wir können auch erkennen, dass schwere Gegenstände auf Bällen oder Rollen leicht und mit wenig Kraftaufwand für uns beweglich werden.
Rollreibung bedeutet eine geringere Auflagefläche des Gegenstandes und damit des Gewichts. Somit haben wir geringere Reibung, weniger Energieverlust durch Wärme und nicht immer dieselben Flächen, die aufeinander reiben.
Nehmen wir jetzt noch Anlauf um einen Gegenstand zu bewegen, erhöhen wir damit die Kraft, die Energie (Impuls) in die gewünschte Bewegung.

Übungsbeispiele

Kleinkind 1–3 Jahre

Luftblasen

Ziele: Luftwiderstand erkennen, Gewicht, freier Fall, Rollverhalten, Beweglichkeit, Koordination, Reaktion, Spaß
Raum: Turnraum
Material: Fallschirm, Ball, Luftballons
Spielregel: Alle halten den Fallschirm mit beiden Händen, erst ganz hoch über unserem Kopf, dann lassen wir ihn langsam wieder nach unten sinken.
Nun können immer zwei Kinder, die sich gegenüber stehen und aufgerufen werden, die Zeit nutzen, während der Fallschirm langsam sinkt ihre Plätze zu tauschen.
Dann lassen wir den Ball auf dem Tuch tanzen, durch Heben und Senken an unterschiedlichen Stellen wird der Ball rollen, er darf nicht herunterfallen.
Danach versuchen wir das Gleiche mit mehreren Luftballons.

Vorschulkind 3–6 Jahre

Bewegliche Kugelbahn

Ziele: Erdanziehung, Reibung, Reaktion, Beweglichkeit, Kooperation, Gemeinschaft, Schnelligkeit, Spaß
Raum: Turnraum, Garten
Material: Papprollen (von Küchenpapier) in der Menge der Kinder, Kastanien
Spielregel: Die Kinder halten ihre Papprollen aneinander, sodass mal höher, mal niedriger, mal gerade, mal um Kurven eine Kugelbahn entsteht, durch die das erste Kind eine Kastanie rollt. Die Kastanie darf natürlich nicht zu Boden fallen. Wer eine Kastanie gerollt hat, schließt sich wieder dem Ende an.

Rutschbahn:
Mit unterschiedlichen Unterlagen erhöht oder vermindert man die Reibefläche auf der Rutschbahn, also rutscht man schneller oder langsamer, und wie ist das, wenn wir beim Rutschen bremsen?...

Figuren reißen
Ziele: Schleuderkraft, sonst wie oben
Ein Kind nimmt den Partner an beiden Händen, die beiden Kinder drehen sich zusammen schnell im Kreis, plötzlich lässt man los, hier spürt man die Schleuderkraft, schwierig ist es, in dieser Position dann stehen zu bleiben.

Schulkind 6–12 Jahre

Schwertransport:
Ziele: Reibung, Beweglichkeit, Koordination, Spaß
Raum: Freifläche, Turnraum
Material: Roller, Fahrräder und Ähnliches, ggf. Luftpumpe, Gymnastikstäbe
Spielregel: Mit unterschiedlich stark aufgepumpten Fahrzeugen fahren wir eine abgesteckte Strecke. Die Kinder stellen so selbst fest, was leichter und was schwerer ist, was die Reibung ausmacht.
Eine umgedrehte Langbank ist auch für eine Kindergruppe schwer transportierbar.
Legen wir jedoch lauter Gymnastikstäbe als Rollen darunter, dann kann sogar ein Kind alle anderen, die auf der Langbank sitzen bewegen. Ggf. müssen immer ein paar Kinder die Stäbe, die am hinteren Ende frei wurden, wieder am vorderen Ende unterlegen.

Lernfelder: Siehe auch bei:
- Ethik und ethische Erziehung
- Deutsch und Kommunikation
- Pädagogik und Psychologie
- Werkerziehung, Gestaltung
- Sozialpädagogische Praxis
- Religionslehre, -pädagogik
- Mathematisch-naturwissenschaftliche Erziehung
- Praxis-, Methodenlehre, Medienerziehung
- Musik und Musikerziehung
- Hauswirtschaftliche Erziehung

9

Neue pädagogische Ansätze in der Kinderbetreuung – alles in Bewegung

Nachdem in den 1980er-Jahren zur Suchtprävention gegen Abhängigkeit der Kinder von immer mehr und immer umfassenderem Spielzeug sogenannte **„spielzeugfreie Zeiten"** eingeführt wurden, blieb oft wenig Anderes übrig, als bisherige Spielzeit mit mehr Bewegungszeit auszufüllen. Bald wurden dann wieder alte Spiele entdeckt, die meist von Kindern einmal selber erfunden wurden und für die oft kein Material erforderlich war und ist.

Auch für mehr Engagement in und mit der Natur war plötzlich wieder Zeit zu finden.

Vieles aus der Spielwarenindustrie lässt wenig Raum für eigenes Spiel und für Fantasie.

Mit der Jahrtausendwende schwappte eine neue Form der Betreuung in unsere Kindergärten. Mit Einführung des **„offenen Hauses"** und den **„offenen Gruppen"** verstärkte sich die Beweglichkeit innerhalb eines Hauses. Gruppentüren bleiben nicht mehr den ganzen Tag geschlossen. Nach gemeinsamem Tagesbeginn in der eigenen Gruppe können sich Kinder nach hausinternen Systemen entscheiden, an welchem der Angebote, die von verschiedenen Erzieherinnen und Kinderpflegerinnen in den unterschiedlichen Räumen veranstaltet werden, sie teilnehmen möchten.
Nach der vereinbarten Zeit geht meist der übliche Tagesablauf in der Stammgruppe weiter.

So werden nicht nur unterschiedliche Interessen berücksichtigt, sondern dieses System bringt mehr Bewegung ins Haus, und dies nicht nur für Kinder.

Die Arbeit im „offenen Haus" oder mit „offenen Gruppen" erfordert genug Zeit in der Stammgruppe, um das Erleben der notwendigen Geborgenheit und Zugehörigkeit nicht zu vernachlässigen.

9.1 Sport- und Bewegungskindergärten

Den ersten Sport- und Bewegungskindergarten gab es in Deutschland bereits 1972, gegründet von der Freiburger Turnerschaft. Zu Anfang stand hier noch die besondere Vermittlung sportmotorischer Fähigkeiten im Mittelpunkt. Heutzutage steht vor allem die Vielfalt der Bewegungserfahrungen für Kinder im Zentrum des Interesses.
Das Konzept der Bewegungskindergärten geht von der Annahme aus, dass kindliches Lernen, Wahrnehmen und Begreifen ausschließlich über Bewegung möglich ist.

Sport- und Bewegungskindergärten gibt es schon seit langer Zeit.

Deshalb wird neben regelmäßigen Bewegungsangeboten vor allem auf eine spezielle Raumgestaltung, die Bewegungserfahrungen zulässt und zu diesen einlädt, geachtet.

Dies bedeutet: Treppen, Eingangsflächen, Flure, Winkel und Nebenräume werden nicht nur zweckgebunden genutzt, sondern sie werden für eine Vielzahl unterschiedlicher Bewegungsanlässe und Sinneserfahrungen sowie als auffordernde Spielecken genutzt.

Es befinden sich bereits bewegungsfreundliche Angebote wie Hüpfkästchen, Kletterwand oder eine Hängematte im Eingangsbereich. Ein Ruhe- oder Entspannungsraum mit sinnesfreundlichem Inventar kommt zur Geltung.

Auch im Gruppenraum gibt es Bewegungsecken, evtl. Sitzbälle und -kissen anstelle von Stühlen. Die Grundidee bezieht sich natürlich auch auf die Außenflächen. Hier wird auf alle möglichen Kletter-, Rutsch-, Schaukel-, Roll-, Hüpf- und Fahrmöglichkeiten geachtet.

Neben offenen Bewegungsangeboten wie z. B. einer Bewegungsbaustelle, gibt es regelmäßige gelenkte Angebote im Turn-, Tanz- und Spielbereich für die Kinder. Zeitweise stattfindende Projekte wie Wald-, Bach-, Weiher-, und Weidenprojekte, Sinnesparcours und Ähnliches wird oft zusammen mit Eltern verwirklicht.

Hier gibt es viele einladende Bewegungsideen im und um das Haus.

Eine psychomotorische Förderung, mit einer ausgebildeten Fachkraft für Kinder mit besonderen Bedürfnissen, wird oft in kleinen Gruppen organisiert.

Ein wichtiger Konzeptbaustein ist gezielte Öffentlichkeits- und Elternarbeit.

So finden neben Vortragsabenden zu Themen wie Lernen durch Bewegung, Wahrnehmung etc. auch regelmäßig gemeinsame Spielnachmittage für Kinder und Eltern sowie spezielle Sport-, Spiel- und Bewegungsfeste statt.

All dies schafft mehr Wissen und Verständnis der Eltern über kindliche Bewegungsbedürfnisse, was sich danach mit Sicherheit auf die Möglichkeiten der Kinder in Wohnung und Freizeit auswirkt. Bereits viele Bewegungskindergärten gingen fruchtbare Kooperationen mit dem ortsansässigen Sportverein ein. So kann der Kindergarten regelmäßig Räume und Materialien nutzen, die Sportvereine stellen ihm ausgebildete Übungsleiterinnen zur Seite.

Spiel- und Bewegungsfeste gehören zum Konzept der Bewegungskindergärten.

9.2 Wald- und Naturkindergärten

Die Idee dieser Form der Kinderbetreuung kommt aus den skandinavischen Ländern. Dort gab es bereits in den 1950er-Jahren in Dänemark einen Wald- und Naturkindergarten.

In Deutschland startete ein solches Modell 1968 den ersten Versuch in Wiesbaden, der aber vom Konzept so unterschiedlich zum Gewohnten war, dass er keine Anerkennung nach dem gültigen Kindergartengesetz und damit keine öffentlichen Zuschüsse erhielt.
Den ersten deutschen anerkannten Wald- und Naturkindergarten gab es ab 1993 in Flensburg. Seither wächst das Interesse an dieser Betreuungsform ständig. Was ist das Besondere daran für Vorschulkinder?

Das erlebnisorientierte Konzept entstand aus dem Wunsch, unserem fremdbestimmten modernen Lebensstil mit Reizüberflutung, Überfluss an funktionsbestimmtem Serien- und Sammelspielzeug, professionalisiertem Freizeitangebot, mithilfe eines vermehrten bewegungsfreudigen Bezugs zur Natur zu begegnen.

Erzieherinnen und Kinder verbringen täglich ganzjährig 3–5 Stunden, bei jedem Wetter draußen in der Natur, was nach gegebenen Erfahrungen der Gesundheit der Kinder besonders zuträglich ist. Schutz vor extremen Wetterlagen bietet meist nur ein umgebauter Bauwagen oder eine Waldhütte, worin auch die wenigen notwendigen Materialien und Wechselkleidung aufbewahrt werden. Das Programm orientiert sich stark an Jahres- und Naturrhythmen, inhaltlich finden wir jedoch die gleichen Erziehungs- und Bildungsziele wie im Regelkindergarten.

Kinder aus Wald- und Naturkindergärten sind denen aus Regelkindergärten gegenüber in vielen Bereichen oft im Vorteil.
Die Kinder verbringen die meiste Zeit bei jeder Witterung im Freien.

Themen wie Umwelt erleben, erfahren, Wissen und Einsicht in Sinn und Zusammenhänge biologischer und physikalischer Natur bieten sich durch die Örtlichkeit besonders an.

Oft haben Kinder aus diesem Erziehungssystem Vorteile gegenüber den Kindern aus dem Regelkindergarten. Dies zeigt sich vor allem im Sozialverhalten, im Wissen über Vorgänge in der Natur, sowie im Erfinden eigener kreativer und freier Spiele. Und gerade hier kommt wieder der Bewegung ein hoher Stellenwert zu.

Es werden meist Strukturen aus dem üblichen Kindergarten wie Morgenrituale, Brotzeit, freie Spielzeit und feste Angebote übernommen. Diese Strukturen vermitteln das notwendige Zugehörigkeitsgefühl und Geborgenheit in der Kindergruppe.

Auch Kinder, die aus dem Regelkindergarten kommen, machen gern Erfahrungen mit und aus dem Wald. In der üblichen Arbeit bietet sich hier ein Waldprojekt an. Ist dies nicht möglich, so kann wenigstens zeitweise ein Waldtag mit vielen Erlebnissen, Wahrnehmungen und Erfahrungen eingeplant werden. Solche Aktionen wirken tiefgreifend, die Erlebnisse wirken lange nach. Bei guter Vorbereitung können das hier erworbene Wissen und das Verständnis der Kinder für das Ökosystem Wald lebenslange Auswirkung haben.

Mit etwas Planung können wir Kindern aus dem Regelkindergarten ähnliche Erfahrungen ermöglichen.

Bevor wir uns jedoch in den Wald begeben, müssen wichtige Regeln geklärt werden:

- Vorbeugend muss man mit den Eltern, wie bei sonstigem Aufenthalt in der Natur, über Zeckenvorsorge sprechen.
- Kinder dürfen sich nur ausschließlich in zuvor geklärten und abgegrenzten Gebieten aufhalten.
- Empfindliche Bereiche wie Jungwuchs, Feuchtbiotope und Wildrückzugsgebiete sollten absolut gemieden werden.
- Der Wald ist ein Ökosystem, in dem viele verschiedene Lebewesen mit- und voneinander leben. Da ist es wichtig, dass wir so wenig wie möglich bei unserem Besuch stören, denn schließlich sind wir hier nur Gäste, dies bedeutet:

- Nicht laut schreien, dies erschreckt und vertreibt hier lebende Tiere aus ihrem Revier. Zudem reduziert es die eigene Wahrnehmungsmöglichkeit (Sehen, Hören, Riechen, Spüren …).
- Nicht in dichtes Unterholz schlüpfen, denn dies ist eine wichtige Rückzugsmöglichkeit für Tiere.
- Gefundene Früchte (Beeren etc.) sind aus Gesundheitsgründen (Fuchsbandwurm) nicht zum Verzehr geeignet.
- Jeder achtet darauf, Bäume und Sträucher nicht zu verletzen (Abknicken von Zweigen etc.)
- Vorsicht, dass man nichts zertritt und auch Blühpflanzen nicht ausplündert.
- Jegliche Abfälle kommen in mitgebrachte Tüten und keinesfalls irgendwo auf den Waldboden. Ist dies alles geklärt, dann kann es losgehen.

Spielideen

Kleinkind 1–3 Jahre

Schatz der Natur

Ziele: Wahrnehmung, Aufmerksamkeit, Erinnerung, Beweglichkeit, Kooperation
Raum: abgegrenztes Waldgebiet
Material: gefundenes Naturmaterial
Spielregel: zwei Decken (Kontrastfarbe zu Waldboden und -früchten)
Jedes Kind sucht innerhalb eines abgesteckten Gebietes einen eigenen „Schatz". Diese Gegenstände werden nun alle auf einer der Decken ausgebreitet, evtl. dekoriert. Alle Kinder besehen sich die Schätze genau, jedes einzelne Teil wird besprochen. Danach wird mit der zweiten Decke alles abgedeckt.
Jedes Kind versucht nun jeden der gesehenen Gegenstände selber zu suchen und legt diese in einem zuvor aus dürren Zweigen markierten eigenen Häuschen ab.

Zapfenzielwurf

Ziele: Aufmerksamkeit, Beweglichkeit, Hand-Auge-Koordination, Krafteinteilung
Material: ein aus dürren Zweigen abgegrenzter Kreis ca. 1 m Durchmesser, Moos, viele zuvor gesammelte Zapfen
Spielregel: Innerhalb des Kreises wurde von allen zusammen ein Mittelpunkt aus Moosteilen gebaut. Mit ein paar Metern Abstand versuchen die Kinder, ihren Zapfen so zu werfen, dass er mindestens im Kreis, idealerweise auf dem Moosfeld landet. Wichtig ist, dass immer nur ein Kind werfen darf, die anderen Kinder beobachten den Wurf.
Variation: Klappt dieses Werfen auch rückwärts? (Alle stehen mit dem Rücken zum Kreis, werfen über die eigene Schulter)
Variation: In der Mitte wurde eine Pyramide oder Ähnliches aus dürren Zweigen aufgebaut, diese gilt es mit dem Zapfen umzuwerfen.

Vorschulkind 3–6 Jahre

Farben sammeln

Ziele: Aufmerksamkeit, Beweglichkeit, Wahrnehmung, Wissen, Spaß
Raum: abgegrenztes Waldgebiet
Material: großes weißes Tuch (z. B. Bettlaken)
Spielregel: Die Kinder sollten sich umsehen und erkennen, wie vielfältig die Farben der Natur sind, wie viele verschiedene Abstufungen allein z. B. Grün bietet. Sie sollten dann, (wie beim bekannten Bilderbuch „Frederick") Farben sammeln, also Gegenstände in allen möglichen Farben zusammentragen, danach wird alles gemeinsam auf dem Tuch nach Abstufungen sortiert. So können wir feststellen, dass Gelb sowohl in Grün als auch in Orange, dieses wiederum sowohl in Braun wie auch in Rot übergeht usw.

Waldgeheimnisse entdecken

Ziele: Wahrnehmung, Mut, Koordination, Reaktion, Beweglichkeit, Wissen, Spaß
Material: ein sehr langes Seil, das an verschiedenen Bäumen in Greifhöhe als Geländer festgebunden wird. Es führt über wechselndes Gebiet (Bodenunebenheiten, unterschiedliche Vegetation, unterschiedlicher Boden wie Moos, Erde, Laub, evtl. über liegende Baumstämme und durch hängende Zweige etc.)
Spielregel: Die Kinder halten sich mit einer Hand am Seil (Wegweiser), und erkunden diesen Erlebnispfad. Die Augen können dabei durch die Sicherheit des Seilkontaktes auch geschlossen werden. Ganz Mutige versuchen den Weg auch barfuß.

Baumtelefon

Ziele: Aufmerksamkeit, Wahrnehmung, Wissen, Spaß
Material: Bäume
Spielregel: Wenn ein Kind sein Ohr ganz am Baumstamm hat kann es hören, wie oft das andere Kind an die gegenüberliegende Stammseite klatscht, klopft etc. Wird auch Gesprochenes oder ein Lied übertragen? Das Gleiche funktioniert auch mit abgesägten, am Boden liegenden Baumstämmen von Schnittfläche zu Schnittfläche.

Schulkind 6–12 Jahre

Waldxylofon

Ziele: Aufmerksamkeit, Beweglichkeit, Konzentration, Rhythmus, Wahrnehmung
Raum: abgegrenztes Waldgebiet
Material: herumliegende Aststücke unterschiedlicher Länge, möglichst zweigfrei und gerade
Spielregel: Kinder suchen die Materialien zusammen. Zuerst liegen zwei große Äste auf dem Boden, darauf kann mit abgestuften Astlängen und -dicken ein Xylofon gebaut werden, das dann auch bespielt wird. Evtl. eignet es sich zu rhythmischer Tanz- und Singbegleitung (danach Rollenwechsel).

Baumstammbalance

Ziele: Balance, Reaktion, Zusammenarbeit, Koordination, Wahrnehmung, Spaß, Konzentration

Material: herumliegender abgesägter Baumstamm

Spielregel: Zwei (oder auch mehrere) Kinder balancieren sich auf einem liegenden Baumstamm entgegen. Nun müssen sie aneinander vorbeikommen, ohne dass einer den Boden betritt oder herunterfällt, also nur durch aneinander festhalten und miteinander ausbalancieren.

Zapfentransport

Ziele: Aufmerksamkeit, Koordination, Reaktion, Wahrnehmung, Wissen, Spaß, Konzentration

Material: jedes Kind sucht sich aus herumliegendem dürren Material eine kleine Astgabel und einen Zapfen.

Spielregel: Der Zapfen wird auf der Astgabel über eine zuvor bestimmte Strecke transportiert, er darf nicht gehalten werden und natürlich nicht fallen.

Variation: Verschiedene Hindernisse sind bei der Strecke zu überwinden (unebener Boden, über einen Baumstumpf oder Baumstamm klettern, unter Ästen und Zweigen durch usw.) Ganz Mutige versuchen dies auch barfuß.

Variation: Der Zapfen wird von Kind zu Kind, also von Astgabel zu Astgabel übergeben ohne Berührung mit der Hand und ohne zu fallen.

Lernfelder: Siehe auch bei:

- Deutsch, Kommunikation
- Sozialkunde, Berufskunde
- Pädagogik, Psychologie
- Rechtskunde
- Musik, Musikerziehung
- Säuglingspflege
- Mathemat.-naturwissenschaftli. Erziehung
- Praxis-, Methodenlehre, Medienerziehung
- Ökologie, Gesundheit
- Werkerziehung, Gestaltung
- Hauswirtschaftliche Erziehung
- Sozialpädagogische Praxis

Spiele und Übungsverzeichnis

Spiele und Übungsaufgaben für das Kleinkindalter (1–3 Jahre)

Spiele und Übungsaufgaben für das Vorschulalter (3–6 Jahre)

Spiele und Übungsaufgaben für das Grundschulalter (6–12 Jahre)

Literaturverzeichnis

Ayres, Anna Jean: Bausteine der kindlichen Entwicklung, 4. Auflage, Berlin: Springer Verlag, 2002.

Balster, Klaus/Sportjugend Nordrhein-Westfalen: Kinder mit mangelnden Bewegungserfahrungen, Teil 1: 3. Auflage, Teil 2: 1. Auflage, Duisburg: Basis Druck, 1998.

Bartl, Almuth: Erstes Spielen mit Kindern, Ravensburg: Ravensburger Verlag, 1994.

Beermann, Marlies/Bort, Wolfgang: Mini-Spielkartei, 7. Aufl., Münster: Ökotopia Verlag, 1996.

Bezdek, Monika, Petra, Ursula: Spielraum Wald, München: Don Bosco Verlag, 2004.

Bundesverband der Unfallkassen: Sportstätten und Sportgeräte – Hinweise zur Sicherheit und Prüfung. GUV-SI 8044, München, Juni 2007.

Cardenas, Barbara: Diagnostik mit Pfiffigunde, 9. Auflage, Dortmund: Borgmann Verlag, 2004.

Carle, Eric: Die kleine Raupe Nimmersatt, übersetzt von Viktor Christen, Hildesheim: Gerstenberg Verlag, 2007.

Dennison, Gail/Paul: EK für Kinder – Das Handbuch der Edu-Kinestetik für Eltern, Lehrer und Kinder jeden Alters, 20. Aufl., Freiburg: VAK-Verlag, 2006.

Deutsche Turnerjugend im Deutschen Turner-Bund e.V.: Leitfaden Kinderturn-Test, Frankfurt am Main, 2008.

Eirich, Hans: Der Bayerische Bildungs- und Erziehungsplan für Kinder in Tageseinrichtungen bis zur Einschulung, Körperschaft: Staatsministerium für Arbeit und Sozialordnung, Familie und Frauen in Bayern, Weinheim, Beltz, 2003.

Eggert, Dietrich/Kiphard, Ernst J.: Die Bedeutung der Motorik für die Entwicklung normaler und behinderter Kinder, Schorndorf: Verlag Hofmann, 1972.

Fthenakis, Wassilos E. Prof. Dr. Dr. Dr.: Der Bayerische Bildungs- und Erziehungsplan (BEP) für Kinder in Tageseinrichtungen bis zur Einschulung, Weinheim: Beltz Verlag, 2. Auflage 2006.

Gruber, Christina/Rieger, Christiane: Entspannung und Konzentration, 3. Auflage, München: Kösel Verlag, 2002.

Hofele, Uwe: Erlebnisturnen: Über 90 Vorschläge zu Gerätekombinationen in der Turnhalle, 4. Auflage, Dortmund: Verlag modernes lernen, 2000.

Kiphard Ernst J.: Wie weit ist ein Kind entwickelt? 12. Auflage, Dortmund: Verlag modernes lernen, 2006.

Kosel, Andreas: Schulung der Bewegungskoordination, 7. Auflage, Schorndorf: Verlag Hofmann, 2005.

Krimm-von Fischer, Katharina: Musikalisch-rhythmische Erziehung, Freiburg: Herder Verlag, 1975.

Kunz, Torsten: Weniger Unfälle durch Bewegung, Schorndorf: Verlag Hofmann, Reihe Motorik, Band 14, 1993.

Kupitz, Gunthild: „Sport fürs Hirn und andere Experimente", in: Süddeutsche Zeitung, 06.03.2008, S. 29.

Maheshwarananda, Paramhans Swami: Yoga mit Kindern, 2. Auflage, München: Heinrich Hugendubel GmbH, 1992.

Nitsch, Cornelia: Zehn kleine Fingerchen, München: Mosaik Verlag, 1994.

Potter, Harold: Sicher Sport treiben, Luzern: Schweizerische Unfallversicherungsanstalt, 1982.

Rieder, Hermann, u. a.: Sport mit Sondergruppen, Schorndorf: Verlag Hofmann, 1996

Scheid, Volker/Prohl, Robert: Kinder wollen sich bewegen, 3. Auflage, Dortmund: Verlag modernes lernen, 1988.

Staatsinstitut für Bildungsforschung, Lehrplan für die Berufsfachschule für Kinderpflege, München: 2006.

Wenig-Egermeier: Bewegung, Spiel & Sport für entwicklungsauffällige Kinder, München: Bayerische Sportjugend, 1995.

Zimmer, Renate: Handbuch der Sinneswahrnehmung, Freiburg: Herder Verlag, 1995.

Zimmer, Renate: Handbuch der Bewegungserziehung, Freiburg: Herder Verlag, 2008.

Weitere Literaturvorschläge

Brüggebors, Gela: Körper-Spiele für die Seele, Reinbek, Rowohlt Verlag, 1989.

Döbler, Erika und Hugo: Kleine Spiele, 21. Auflage, Berlin, Sportverlag, 1998.

Gaß-Tutt, Anneliese: Tanzkarussell, Boppard, Rhein, Fidula Verlag, 1972.

Gulden, Elke/Scheer, Bettina: Singzwerge & Krabbelmäuse, Münster, Ökotopia Verlag, 2004.

Hengstenberg, Elfriede: Entfaltungen, Heidelberg, arbor Verlag, 2005.

Kiphard, Ernst J.: Motopädagogik, Dortmund, Verlag Modernes Lernen, 2001.

Lendner-Fischer, Sylvia: Bewegte Stille, Münden, Kösel Verlag, 2002.

Lutter, Martina/Stock, Antje: Erlebnislandschaften in der Turnhalle, Schorndorf, Verlag Karl Hofmann, 2008.

Miedzinski, Klaus: Die Bewegungsbaustelle, Dortmund, Verlag Modernes Lernen, 2000.

Pikler, Emmi: Laßt mir Zeit. Die selbstständige Bewegungsentwicklung des Kindes bis zum freien Gehen. München, Pflaum, 2001.

Schraag, Manfred/Jansen, Wolfgang: Geräte und Materialien in der Bewegungserziehung, Schorndorf, Verlag Karl Hofmann, 1996.

Seyffert, Sabine: Viele kleine Streichelhände, Kinder massieren Kinder, Münster, Menschenkinder Verlag

Stachelhaus, Andrea: Übungsprogramme für den psychomotorisch-orientierten Sportunterricht, Schorndorf, Verlag Karl Hofmann, 2005.

Zimmer, Renate: Handbuch der Psychomotorik, Freiburg, Herder Verlag, 2007.

Zimmer, Renate: Kreative Bewegungsspiele, Freiburg, Herder Verlag, 2007.

Danksagung

Für Geduld und Mithilfe, wie auch durch wichtiges Feedback beim Entstehen dieses Buches möchte ich mich bei allen Begleitern bedanken, vor allem:

- bei Kathi und Maxi, die sehr engagiert für Fotos zur Verfügung standen
- bei Michael, meinem kreativen und geduldigen Fotografen
- bei den Erzieherinnen aus der Praxis, die das Werk gelesen und auf Verständlichkeit und Umsetzung überprüft haben
- bei den fröhlichen Kindern des Kindergartens in München, Tumblingerstraße, die mit ihrer aufgeschlossenen Leiterin begeistert zum Testen der Ideen, sowie für Gruppenfotos zur Verfügung standen
- bei den Schülerinnen der BFS, Klasse 11d 2007/8, die mit mir zusammen die Kinder in deren Bewegungsstunden begleitet haben
- Bei meinem Mann und meinen beiden Söhnen, für Ihre Geduld, wenn während des Schreibens und Forschens anderes liegen bleiben musste, aber auch für die häufigen fachlichen und technischen Hilfen.

Bildquellenverzeichnis

© Maria P. – Fotolia.com: S. 16
© Karin Eichinger – Fotolia.com: S. 18
© Elena Elisseeva – Fotolia.com: S. 46
© kaipity – Fotolia.com: S. 53
© MEV Verlag Augsburg/Mike Witschel: S. 61
© picture-alliance/dpa: S. 64, 69, 169 (unten)
© picture-alliance/ZB: S. 65
© Franco Gregoriadis – Fotolia.com: S. 79
© Hallgerd – Fotolia.com: S. 103
© Limeyrunner – Fotolia.com: S. 124
© Bildungsverlag EINS, Troisdorf/Angelika Brauner, Hohenpeißenberg: S. 128, 129, 130, 131, 132
© Marzanna Syncerz – Fotolia.com: S. 133
© alexsol – Fotolia.com: S. 144
© Philippe Devane – Fotolia.com: S. 145
© Bildungsverlag EINS, Troisdorf/Birgitt Biermann-Schickling, Hannover: S. 147 (unten)
© ullstein bild – JOKER/Gloger: S. 148
© Bildungsverlag EINS, Troisdorf/Oliver Wetterauer, Stuttgart: S. 152
© Vyacheslav Osokin – Fotolia.com: S. 158
© Grischa Georgiew – Fotolia.com: S. 165

Alle übrigen Fotos wurden freundlicherweise von der Autorin zur Verfügung gestellt.

Stichwortverzeichnis